Dem

abgelauscht.

Eine Sammlung von Märchen

von

Adelma Freiin von Vay,
Geb. Gräfin Wurmbrand.

DIESER DRUCK DIENT AUSSCHLIESSLICH DER ESOTERISCHEN FORSCHUNG UND WISSENSCHAFTLICHEN DOKUMENTATION.

Für Schäden, die durch Nachahmung entstehen, können weder Verlag noch Autor haftbar gemacht werden.

© Copyright: Irene Huber, Graz 2008
Verlag: Edition Geheimes Wissen
Internet: www.geheimeswissen.com
E-Mail: www_geheimeswissen_com@gmx.at

Alle Rechte vorbehalten.
Abdruck und jegliche Wiedergabe durch jedes Bekannte, aber auch heute noch unbekanntes Verfahren, sowie jede Vervielfältigung, Verarbeitung und Verbreitung (wie Photokopie, Mikrofilm, oder andere Verfahren unter Verwendung elektronischer Systeme) auch auszugsweise als auch die Übersetzung nur mit Genehmigung des Verlages.

ISBN 978-3-902646-90-3

Inhaltverzeichnis

Die Christblume oder Schneerose	5
Das Gebet des Verlorenen	7
Die Rose	10
Der Vogel des ewigen Reiches	11
Das Maiglöckchen	20
Der Einsiedler	24
Erica	29
Der Prinz ohne Herz	31
Das Vergissmeinnicht	44
Auf und in der Erde	46
Kornblume und Mohnblume	53
Leiden um Liebe	57
Edelweiß	60
Der verirrte Engel	67
Die Passionsblume	69
Der Großvater und sein Enkelkind	70
Die Seerose	73
Das Geplauder der Kieselsteine am Strand	76
Zyklamen und Schneeglöckchen	80
Das Vergissmeinnicht	82
Die drei Geizigen	85
Nelke und Armsünderblume	87
Die Geschichte eines Königs	90
Das Gänseblümchen oder Maßlieb	95
Träumerei auf der alten Burg	97
Enzian	109
Die Lebensgeschichte eines Kreuzers	115
Das Veilchen	120
Der Mond und seine Freunde	121
Die Lilie	125
Leben und Tod	125

Die Christblume oder Schneerose.

Aus Frost und Schnee, Leid und Schmerz
wird die Barmherzigkeit geboren.

Am Christtag ging ein Kindlein hinaus und wollte sich den Tannenwald und den frischen Schnee besehen. Das Kindchen war gut warm gekleidet, es trug Pelzstiefel, Pelzmütze und einen Pelzmantel.

Als das Kind durch den Wald streifte, begegnete ihm ein Junge, der hatte keine Mütze, der Wind pfiff ihm um den Kopf.

»Weshalb hast Du keine Mütze auf, armer Junge?« fragte das Kind.

»Weil ich sehr arm bin«, lautete seine Antwort. »Ach, wie schön ist Dein Pelzkäppchen!«

Und das Kind gab sein Pelzkäppchen dem armen Jungen.

Das Kind ging weiter, da kam ein altes Mütterchen daher — Arme und Hals waren bloß — die Alte zitterte vor Frost.

»Mütterchen«, fragte das Kind, »warum hast Du kein Tuch?«

»Weil ich alt und arm bin und mir Niemand was schenkt«, antwortete das Mütterchen.

Da nahm das Kind seinen Pelzmantel ab und hängte ihn der Armen um.

Nun kam ein kleines Mädchen des Weges, das war barfuss

»Warum hast Du keine Stiefel?« fragte das Kind.

Das Mädchen antwortete »Hab weder Vater noch Mutter, bin arm und verlassen.«

Da zog das Kind Stiefel und Strümpfe aus und gab sie dem Mädchen.

Dieses nahm die Sachen dankend an und sprach »Hab noch ein Brüderlein zu Haus, das ist nackt und hat gar kein Gewand!«

Da zog das Kind seine Kleider aus und gab sie dem Mädchen für sein nacktes Brüderlein.

»Mein Hemde kann ich nicht hergeben«, sprach das Kind, »denn ich schäme mich!«

Nun aber sah das Kind das Jesuskindlein, das lag nackt in der Krippe, rasch zog es das Hemdchen aus und gab es dem Christkindchen.

»So«, sprach das Kind, »nun hab' ich Alles hergegeben und bin nackt und arm, wie das Jesuskind, jetzt lege ich mich in den Schnee und decke mich schön zu.« — Das Kind tat wie es gesagt und legte sich in den Schnee unter einen Tannenbaum, da schien der Abendstern durch das Tannengrün.

»Das ist der Weihnachtsstern«, sprach das Kind und schlief ein. Und die Engelchen kamen und nahmen das Kind in den Himmel. — Im Walde aber streuten sie Christsterne aus, das sind die Christblumen, die unter Schnee und Frost frisch aufblühen, weiß und makellos mit dem gelben Stern. Sie sollen die Menschen mahnen an die Christnacht, an das nackte Christkind an Almosen und Guttun.

Das Gebet des Verlorenen.

Stephan war der Sohn eines reichen Bauern er war der Erbe eines hübschen Hofes und Hauses, von Feldern und Wiesen. Nach dem Tode seiner Eltern war er einer der reichsten Bauern der Gegend.

»Sei fromm und bete«, waren die letzten Worte seiner sterbenden Mutter. Stephan jedoch hatte gar keine Anlagen zu diesen Eigenschaften. Er war nun reich und wollte sein Leben genießen. Bald sah man ihn in den Wirtshäusern beim Kegel- und Kartenspiel. Er führte ein wüstes Leben und ergab sich dem Trunke. — Die letzten Worte seiner sterbenden Mutter waren bald vergessen.

Nach und nach ging sein Hab und Gut in die Hände der Gläubiger, bis sein letztes Stückchen Feld verkauft war.

Stephan musste nun in Taglohn gehen, er wurde krank von seinem wüsten Leben und vom Branntwein, und als er zu schwach und alt wurde, um schwer arbeiten zu können, hütete er das Vieh der reichen Bauern um ein Stück Brot und eine Schlafstelle auf dem Heuboden.

Der schmucke, flotte Stephan war nun der arme, alte Stephan geworden, dem eine barmherzige Seele hie und da Almosen gab. Eine solche barmherzige Seele war Marie, die Tochter des Gutsbesitzers.

Eines Tages, als Stephan das Vieh auf der Wiese hütete, kam sie, ein blasses, junges Mädchen, mit rundem Strohhut, im weißen Kleide, das wie Engelsflügel um sie herflatterte.

»Stephan«, sagte sie, »da hast Du was, aber kaufe Dir keinen Schnaps dafür! Bete für mich, hörst Du? Bete für mich!«

Stephan starrte das Mädchen an. »Ich soll für sie beten!« sprach er, »das wird schwer gehen, ich kann ja gar nicht mehr beten, meine Seele ist verloren.«

Aber als er abermals auf seinen Heuboden kroch und die vielen Sternlein schimmerten, da musste er an Marie denken; sie hatte ihn so lieb bitten können, für sie zu beten. »Wie fang' ich das nur an?« sprach er — »Gott kann ja die Stimme eines so argen Taugenichts unmöglich hören. Nun, versuchen will ich's doch — ich bete für sie.« Und er faltete die Hände und betete, darauf schlief er ein und träumte von seinem Mütterlein.

Nach einigen Tagen ging das schöne Fräulein bei Stephan vorüber, sie gab ihm wieder ein Almosen und fragte: »Hast Du für mich gebetet, Stephan?« »Ja, Fräulein!« sagte Stephan, »aber ob Gott mich hört?« »O ja«, erwiderte Marie, »gewiss; Gott hört die Gebete der Armen und Du bist ein Armer; bete nur fleißig für mich, vergiss nicht, alle Abend!« Und damit ging sie fort. — »Ja wohl bin ich ein Armer«, dachte Stephan, und da fiel ihm seine Jugend ein, wo er noch kein Armer war, und als er so sein Leben überdachte, überkam ihn eine große Reue. Er betete noch heißer für den Engel, der ihm Almosen gab, und mitten im Gebet für sie begann er ganz leise auch für sich um Vergebung zu beten.

So kam der Herbst heran, da wurde der alte Stephan einmal aufs Schloss zum Fräulein gerufen. »Stephan«, sagte sie, »da hast Du noch was, sieh', ich werde mit den Schwalben fortziehen, zu Gott in die ewige Heimat, dort werde ich sehen, ob Du für mich gebetet hast! Bete jetzt, dass Gott mir ein seliges Ende gebe!« »O, Fräulein!« rief Stephan aus und küsste ihre Hand, die so schmal und zart war, »ich habe hier für Sie gebetet, werden Sie dort für mich beten? Sie haben mir hier den Weg zu Gott gezeigt, öffnen Sie mir dort die Himmelstür.« »Ich werde Deiner nicht vergessen«, sagte Marie, »bete Du nur fleißig für mich.« Und so schieden sie.

Marie saß im Rohrstuhle im Garten draußen, die Herbstblätter fielen herab, der Todesengel kam leise zu ihr und drückte ihr die Augen zu. — Stephan lag auf dem Heuboden, der Husten plagte ihn so arg, die Brust war ihm beklommen. »Mein Gott!« sprach er, »ein Engel lehrte mich beten, erbarme Dich meiner! Erlöse mich durch mein Gebet für sie!« Und auch ihm drückte der Todesengel die Augen zu.

Als seliger Geist erwachte Marie im Jenseits — siehe, ihr Weg war mit Rosen bestreut. »Was ist das?« frug sie ihren Schutzgeist, »woher kommen diese schönen Rosen, sie sehen wie Blutstropfen aus?« »Sie kommen aus blutendem reuigem Herzen«, sagte ihr Schutzgeist, »das sind die Gebete eines armen verlorenen Sünders, dem Du den Weg zu Gott gezeigt!« »Ach Stephan!« rief Marie aus, »Stephan, hab' Dank! Deine Gebete sind hier, nun will ich für Dich beten.« Und als sie zur Himmelstür kam, da stand Stephan. »Wie hast Du den Weg hierher gefunden?« fragte ihn Marie. »Du hast mich nicht gesehen?« sagte Stephan — »ich bin hinter Dir gegangen; ich habe die Dornen von den Rosen weggeklaubt, das waren meine Sunden — nun sind die Rosen, meine Gebete für Dich, alle hier, ohne Dornen, von Sünden gereinigt. Bete nun Du und öffne mir die Himmelstür!«

Die Rose.

Um der Rose willen begieße die Dornen.
(Orientalischer Spruch.)

Im Paradiese hatten die Rosen keine Dornen, sie waren weich und schön anzufühlen und taten Keinem weh.

Eva liebte ungemein die Rosen. Diese Blumen waren ihre ganze Freude, sie schlief immer ein mit einer Rose in der Hand, und eine Rose trug sie stets im Haar, anderswohin konnte sie sie nicht anstecken, da man ja im Paradiese, wie es jedes Kind weiß, keine Kleider trägt. Als nun Adam und Eva aus dem Paradiese mussten, nahm sich Eva noch die schönste Rose mit, die setzte sie dann ein in die fremde, kalte Erde und weinte über den Pflänzchen um ihr schönes verlorenes Paradies — es waren wohl Tränen der Reue. Richtig fasste die Rose Wurzeln und wuchs schlank empor, doch sie hatte Dornen, an denen sich Eva, die vorwitzig eine Rosenknospe brechen wollte, den Finger blutig stach.

»Warum hast Du denn die hässlichen, stachligen Dinger bekommen, liebe Rose?« fragte Eva, »die hattest Du doch im Paradiese nicht?«

»Das sind Dornen«, sprach die Rose, »die wuchsen aus Deinen Tränen«, arme Eva. »Und es werden Viele mit Dir über die Dornen weinen und sich daran blutig stechen!«

Nun gibt's auf Erden keine Rose ohne Dornen, keine Liebe ohne Schmerz, keine Lust ohne Gram.

Das sind Deine Tränen, Du Mutter der Menschheit, die Du um das verlorene Paradies, um Deine Sünde weintest!

Der Vogel des ewigen Reiches.

In einer der dunklen, engen Vorstädte der Residenz, in einem schmalen, schmutzigen Gässchen, da wohnte ein armes kleines Mädchen tief unten in der dunklen Kellerwohnung, dort, wo niemals die Sonne grüssend hineinblicken kann.

Das kleine Mädchen war so zart; in seine Lumpen gekleidet, sah es so jämmerlich aus. Es hatte nichts auf dieser Welt als ein gutes Herz und einen sehr schönen Namen. Es hieß Speranza, das bedeutet »Hoffnung«. Und es war ganz so wie sein Name — im größten Elend hoffte es immer auf etwas recht Gutes; was das Gute aber sein würde, wusste es freilich nicht!

Seine Eltern waren gestorben; es lebte nur die alte Großmutter, und die war ganz blind. Speranza führte ihre Großmutter in den Gassen der Stadt herum, Almosen erbittend. Ihr seht also, dass sie ein Bettelkind war. Da kam es oft vor, dass sie manche Tage kaum ein paar Pfennige empfing. Denn bei schlechtem Wetter oder wenn es fror, da waren die Leute in ihre Mäntel gehüllt, die Hände fest in den Rocktaschen und eilten furchtbar nach Hause. Da wollte Keiner stehen bleiben, die Hände herausnehmen und Speranza ein Almosen geben. Bewahre! Das Wetter war zu kalt und unfreundlich dazu, sie konnten nicht stehen bleiben wegen des schmutzigen Bettelvolkes da. Und war das Wetter schön, so wurden die Leute so fröhlich, ja sie waren gar so guter Dinge, dass sie Speranzas Stimme ganz überhörten. Sie wollten auch in ihrem Vergnügen nicht gestört sein. Also hatte es das arme Kind recht schwer, und doch verzagte Speranza niemals. Ihre großen Augen richteten sich auf die Vorübergehenden und flehten oft so bange; da aber die Menschen ihr weder in die Augen, noch in das Herz blickten und nur ihre Lumpen und nackten Füße sahen, blieben die meisten recht hartherzig.

Speranza aß gewöhnlich nur trockenes Brot, denn das Beste gab sie ja immer der armen, blinden Großmutter.

Es war eben Winter, der Schnee fiel in großen, dichten Flocken vom Himmel herunter. Speranza bedauerte die armen, kleinen Vöglein, die, im Schnee herumhüpfend, ein Krümchen Nahrung suchten, und das sie, wie gesagt, ein gar gutes Herz hatte, tat sie jeden Abend Brotkrümchen vor die Türschwelle für die hungrigen Vöglein. Die kamen dann des Morgens, pickten Alles fein auf, sie piepten so niedlich dabei, dann schüttelten sie sich so behaglich, als wollten sie sagen »Nun sind wir satt!«

Speranza sah den Vöglein des Morgens stets zu, wenn sie ihre Brotkrümchen aufaßen, denn es war ein so herrlicher, blaugefiederter Vogel dabei, den sie innig liebte. Des Nachts sogar träumte ihr von dem blauen Vogel, es kam ihr dann vor, als säße er auf ihrem Strohlager und sänge ihr die schönsten Lieder vor.

Inmitten des bösen harten Winters starb Speranzas alte Großmutter. Die Leute nähten sie in einen Sack ein und brachten sie auf den Friedhof. Speranza weinte bitterlich, denn nun war sie ganz verlassen auf der großen Welt. Sie sah zu, wie man die Großmutter in die kalte Erde legte und dachte sich dabei: »Auch ich möchte in das Bett da hinein.« Ja, sie weinte zum Herzzerbrechen, so dass es dem Totengräber ordentlich Leid tat. Er war aber auch arm und hatte zehn Kinder, also konnte er nichts für Speranza tun. Als das Grab geschlossen war, stand Speranza bald allein da — sieh', da hörte sie das wohlbekannte Gepiepse ihres Vögelchens. Richtig war er da, der blaue Freund, und hüpfte herum. Er flog sogar auf Speranzas Kopf, und es war ihr, als sagte er: »Verzage nicht, liebes Kind, Speranza heißest Du — also hoffe, hoffe, hoffe!«

Das tröstete Speranza, und so lief sie, denn es war kalt und wurde dunkel, in ihre Kellerstube nach Haus, — ach, wie öd war es dort, — es schauerte ihr ordentlich! Sie empfahl dem lieben Gott ihre müde, arme Seele und schlief bald fest ein. Des Nachts träumte ihr so herrlich vom blauen Vogel. Er sprach auch zu ihr und sagte: »Liebes Kind, ich heiße Glaube und bin verwandt mit Dir, Speranza. Ich bin Dein Freund und will Dich nie verlassen. Geh' Du morgen früh auf den Domplatz und setze Dich an den Haupteingang des Domes.« Dann sang er so ein prachtvolles Lied vom Glauben, der die Hoffnung nie verlässt, dass Speranza den anderen Morgen ganz frisch erwachte.

Ihr fiel gleich der sonderbare Traum ein, und ohne zu zaudern, begab sie sich auf den Domplatz und wartete ruhig beim Haupteingang des Domes der Dinge, die nun kommen würden. Denn etwas käme gewiss, dachte sie. Die Leute gingen aus und ein in die Kirche, aber Niemand beachtete die arme Speranza, sie stand da zitternd, frierend im Schnee mit den nackten Beinchen. Schließlich fror sie gar so jämmerlich, dass sie sich in die Ecke des Einganges hinkauerte und vor Kälte einschlief. Sie schlief und wusste nichts mehr vom Leben, wie totgefroren lag sie da.

Auf einmal, wie aus einem tiefen Traum erwachend, fühlte sie eine angenehme Wärme ihren Körper durchströmen, es war ihr gar so behaglich zu Mute, sie lag wie auf Wolken so weich, und wie im Traum hörte sie eine liebe Stimme fragen: »Lebt sie noch?« Da schlug Speranza die Augen auf; ja, wo war sie denn? War sie gestorben und war das das Paradies? Und die liebe, schöne Frau beugte sich über Speranza und fragte sie: »Wie geht es Dir, liebes Kind?« »Wer bist Du denn, schöne Frau?« erwiderte Speranza, »bist Du die Mutter Gottes? und bin ich im Himmel?«

»Nein«, erwiderte die Dame lächelnd, »Du bist nicht im Himmel und ich bin nicht die Mutter Gottes. Aber ich will Deine Pflegemutter sein, wenn Du mein braves Kind werden willst!«

»O, das will ich!« rief Speranza freudig aus.

Nun sagte die Dame: »Sieh', heute früh ging ich in die Domkirche. Als ich bei der Hauptpforte heraustrat, fand ich Dich, Du armes Kind, ganz erfroren daliegen. Ich ließ Dich zu mir bringen, wir gaben Dir ein gutes, warmes Bett und nun sollst Du diesen Tee trinken und recht schwitzen.« »O, Du guter, lieber Vogel Glaube!« dachte Speranza still bei sich, »wie hast Du mir doch gut geraten!«

Speranza blieb bei dieser guten Dame, die ihre Pflegemutter wurde; man gab ihr nette, neue Kleider und sie ging in die beste Schule und lernte gar fleißig.

Diese Dame, wir wollen sie Benevolenta nennen, war Witwe. Sie hatte nur einen Sohn, der hieß Hartmann, er war schon viele Jahre in Indien. Da Benevolenta keine Tochter hatte und sich so allein fühlte, wurde ihr diese liebe, kleine Speranza ein rechter Sonnenstrahl im Hause. Sie liebte sie, wie ihr eigenes Kind. Auch als es ihr gut ging, vergaß Speranza ihre Vöglein nicht, sie konnte sie nun reichlich füttern.

Der blaue Vogel kam auch noch hie und da, aber nicht mehr so oft wie früher, wo er Speranzas einziger Trost war. Des Nachts hörte sie ihn sehr oft singen, bei Tag sang sie dann ihrer Pflegemutter die Lieder vor, die eine innige Freude daran hatte. »So singen, wie das Kind«, pflegte Benevolenta zu sagen, »kann gar Niemand!«

Es waren viele Jahre vergangen und Speranza war ein großes, erwachsenes Mädchen. Sie war achtzehn Jahre alt. Sie war so lieb und schön geworden, dass ein jeder Mensch, der sie ansah, sich freuen musste. Niemand hätte in ihr das arme Bettelkind erkannt. Ihre Pflegemutter liebte sie unendlich, und sie tat Alles, was sie ihr an den Augen absehen konnte.

Da kam eines Tages Benevolentas Sohn nach Hause, das war eine Freude für die gute Mutter. Hartmann war ein stattlicher, großer, ernster Mann, er trug eine glänzende Uniform mit vielen Orden und Sternen darauf. Er war eben ein berühmter Mann geworden. Nun wurde es freilich ganz anders im Hause, denn es kamen viele Besuche zu Hartmann, eine schöne Equipage nach der andern, und abends war sehr oft Gesellschaft von vornehmen Herren und Damen, so dass es Speranza ganz bange um das Herz wurde. Sie musste Benevolenta helfen den Tee servieren, und wenn dann die Gäste fragten: »Wer ist denn dieses liebliche, schöne Mädchen?« so erwiderte Hartmann in sehr kühlem Tone: »Meiner Mutter Pflegetochter.« Oft bat man sie, zu singen, und wenn sie es tat, so wurden Alle so still und horchten auf. Es war ein eigentümlicher Gesang, der geradeaus zum Herzen ging. Die guten Menschen fanden Trost und Freude an dem Gesang Speranzas, die bösen aber ärgerten sich. Sie meinten, es sei zu tragisch, zu kirchenähnlich für einen Salon. Ein Jeder aber fragte: »Wo hat sie das nur her?«

Es ist oft der Fall in dieser Welt, dass wir Jemanden sehr, ja sehr lieben, der uns aber nicht wieder liebt. Seht, so erging es der armen Speranza mit Hartmann. Sie musste ihn lieben, sie wusste es selbst nicht warum. Und er war doch immer so kalt, so stolz, ja hart mit ihr. Er schalt sie sogar öfters, ganz ohne Ursache. Da blickte sie ihn dann nur so groß an, blieb still und liebte ihn doch. Ja, sie liebte ihn so sehr, dass sie oft meinte, ihr Herz müsse darob zerspringen.

Einmal hörte sie, wie Hartmann zu Benevolenta sagte »Schaffe mir dieses Bettelkind aus dem Hause, denn ich will heiraten!« Benevolenta antwortete: »Wenn Du heiratest, schenke ich Dir dies Haus in der Stadt und ziehe mit Speranza, die ich nicht hergebe, aufs Land!« Und richtig, so kam es auch.

Es wurde ein großes Verlobungsfest gegeben. Die Braut war ein reiches, stolzes Mädchen und kam mir großem Pomp dahergefahren, in langer, schleppender Atlasrobe, von Brillanten strotzend, Hartmann blickte sie stolz an, Speranza zitterte so sehr.

Als die Braut, welche Hochmutha (wäre besser: Superba) hieß, Speranza ansichtig wurde, fragte sie Hartmann: »Wer ist denn dies so einfach gekleidete Mädchen?« »Kümmere Dich nicht um sie, teure Hochmutha!« sagte Hartmann, »das ist meiner Mutter Gesellschafterin, sie war ein armes Bettelkind und heißt einfach Speranza.«

»Speranza?« sagte Hochmutha, »was für ein Name für solch ein Geschöpf von der Gasse! Speranza heißt ja Hoffnung!«

Da nun Hochmutha wegen ihres Gesanges und ihrer umfangreichen Stimme in der ganzen Stadt berühmt war, bat man sie, zu singen. Und sie sang die schwierigsten Rouladen bis zum hohen F. und tiefen G. Ja, sie erreichte durch ihre Kunst das Unglaublichste und machte solch einen Spektakel, wie ein Kanarienvogel. Der guten Benevolenta war es übel davon, aber die Leute klatschten in die Hände und riefen: »Bravo! Bravo! Hochmutha hat das Unglaublichste geleistet!«

Jetzt sollte Speranza singen, sie sang das Lied: »Von der Liebe.« Seitdem sie Hartmann so liebte, sang ihr der Vogel Glaube des Nachts oft das Lied vor; sie sang es so innig, ja so wehmutsvoll, dass alle Leute, sogar die Hartherzigsten, weinten, es schrie gar Keiner Bravo, sie waren Alle still; aber im Herzen eines Jeden zitterte eine Saite, von dem Liede der Liebe tief ergriffen. — Nur Hochmutha blieb kalt: »Es ist höchst unpassend«, sprach sie zu Hartmann, »dass dies junge Ding mit seiner schwachen Stimme, ganz ohne Schule und Kunst, ein Lied von der Liebe, über welche so ein armes Gänschen gar nichts wissen sollte, singt.«

Die Hochzeit war vorüber, Hochmutha war Hartmanns Frau. Sie waren in das Haus Benevolentas gezogen, welches wie ein Palast mit allem Prunke hergerichtet ward, und Benevolenta war mit Speranza auf das Land in eine schöne, kleine Villa übersiedelt. Speranza war nicht bei Hartmanns Hochzeit gewesen. Hochmutha konnte Speranza nicht leiden und mochte sie deshalb nicht sehen. So saß denn Speranza allein in ihrem Stübchen und betete für Hartmanns Glück, er war nun der Mann einer Anderen. Sie wollte ihn aber doch als Schwester in ihrem Innersten treu lieben, wenn er auch ihre Liebe verachtete. Als sie so betete, kam der Vogel Glaube und mit ihm noch ein anderer, gar wunderbar schöner, rotgefiederter Vogel. »Siehe«, sprach Glaube, »das ist meine Schwester, die »Liebe!« Auch Du bist unsere Schwester, Speranza. Nun sind wir alle Drei beisammen, lasst uns Gott eine Hymne singen!« Glaube und Liebe sangen nun herrlich vom ewigen Leben, von Gott und den Engeln, und Speranza stimmte mit ein, sie sang vom Hoffen, welches des Menschen Brust ja niemals verlässt und ausharrt bis an das Ende!

Nun sind wieder einige Jahre vergangen, Benevolenta ist alt und schwach geworden; da kam denn der Tag, an welchem sie in das Paradies hinüber sollte und sterben musste. Hartmann hat seine Mutter fast ganz vergessen. Hochmutha beherrschte ihn so sehr, dass er sich von Allem lossagte und nur ihr diente. Ob er dabei glücklich war, werden wir später hören.

Es kam also die Stunde, in welcher Benevolenta sterben musste. Sie verlangte noch nach ihrem Sohn. Speranza sandte gleich zu ihm. Er kam gerade noch zur rechten Zeit, dass Benevolenta ihn segnen und zu ihm sprechen konnte: »Vergesse Speranza nicht! Dann bat sie Speranza, ihr das Lied von der Liebe vorzusingen, und während diese das Lied sang, war Benevolentas Geist in das Paradies geflogen.

Hartmann war tief erschüttert, sein Herz wurde weich, und jetzt erst bemerkte Speranza, wie sehr er gealtert in den Jahren, wo sie ihn nicht gesehen, welch' tiefe Furchen sein Gesicht durchzogen. Und gerade in der Stunde, als Hartmann weich werden wollte, trat Hochmutha herein, rief ihn zu sich und jagte Speranza aus dem Hause.

Speranza war nun wieder allein in der Welt. Aber sie trug den Schatz der Liebe, des Glaubens und der Hoffnung, die nicht zu Schanden werden lassen, in sich, und sie konnte singen. Sie zog von Land zu Land und sang ihre Lieder. Und wo sie sang, da kamen die Leute zusammen und scharten sich um sie. Und wenn sie mit mächtiger Stimme vom Glauben sang, da bekehrten sich viele Sünder und wurden wieder fromm und gut. Mancher Jüngling wandte sich vom Abgrund weg, an dem er gestanden, und wandelte den Weg der Tugend. Am Ergreifendsten war es, wenn sie von der Liebe sang, denn das passte ja fast auf Jeden. Ein Jeder fand hier einen Ton, der ihm aus der Seele sprach. Durch das Lied von der Hoffnung heilte sie sogar Kranke, sie schöpften frischen Muth und Kraft, wieder zu genesen. Eines Tages sang sie wieder — die Leute küssten den Saum ihres Kleides und nannten sie einen Engel des Trostes. — Da kam auch ein Mann heran, er war grau, alt, gebrochen, ärmliche Kleider deckten seine mageren, dürren Glieder, und doch erkannte Speranza gleich durch die Stimme ihres Herzens, dass dies Hartmann sei. »Hartmann!« rief sie aus, »o, mein geliebter Bruder, endlich kommst Du auch, Du, für den ich die Welt durchwanderte!«

»Und Du erkennst mich, Speranza?« rief Hartmann aus. »Jetzt, wo sich alle Menschen von mir gewendet, erkennst Du mich noch? Sieh', Hochmutha hat mich zu Grunde gerichtet. Erst nahm sie mir mein Herz aus dem Leibe und setzte einen Stein hinein. Dies Herz, welches Dich, holdselige Speranza, lieben wollte, ward durch Hochmutha zerrissen. Ihre Prunksucht hat mich arm, ihr Stolz hat mich elend gemacht. Sie hat nun den armen Bettler verlassen und treibt ihr Wesen in der großen Welt. Ach, Speranza, erbarme Dich meiner, ich habe ja nur Dich lieben wollen, bis Hochmutha kam, sei nun gnädig, holdselige Speranza!«

Freundlich, liebevoll beugte sich Speranza zu Hartmann herab und sprach: »Komm mit mir!« Sie gingen in einen schönen Wald, dort blieb Speranza stehen und rief aus: »Glaube! Liebe! Speranza ist da. Ich habe den »harten Mann« bezwungen, von nun an sollen Glaube, Liebe und Hoffnung auch im Herzen des harten Mannes wohnen. O, ihr himmlischen Mächte, gebt mir nun meinen Lohn, meine Arbeit hienieden auf dieser Erde ist beendet, der gute Same ist gestreut.«

Da kam der ernste, liebe Engel des Todes, mit ihm der Glorienengel der Erlösung, sie berührten Speranza und Hartmanns Herz. Beide sanken, wie vom Blitz getroffen, tot zu Boden, das heißt, sie waren erst recht lebendig — lebendig im Geiste — und zogen in das herrliche Paradies, wo Benevolenta, Glaube und Liebe sie empfingen.

Das Maiglöckchen.

»Ich bringe die reuigen Sünder in den Himmel!«

Guta war ein gar liebliches, junges Mädchen, schön von Angesicht und gut von Herzen. Sie war fromm, sittsam und fleißig. In ihrem Stübchen saß sie und nähte emsig, denn das war ihr Broterwerb. Da trat ein junger Mann in die Stube.

»Grüß' Dich Gott, Ulrich!« sprach Guta freundlich. »Was führt Dich hierher?«

»Das solltest Du wissen«, erwiderte Ulrich unwirsch. »Sagte ich es Dir nicht schon gestern Abend im Walde, ich brauche Geld! Ich habe viel Schulden, wenn ich sie nicht zahle, so fangen sie mich ein.«

Traurig blickte ihn Guta an. »Sieh', Ulrich«, sagte sie sanft, »Du bist mein bester Jugendfreund, einen Bruder habe ich nicht, also Dein gehört mein ganzes Herz, das weißt Du, und Du sagst auch, Du habest mich lieb?« Ulrich nickte mit dem Kopf und strich seine Hand über Gutas Haupt. »Nun«, setzte Guta fort, »wie oft bat ich Dich schon, von Deinen wilden Wegen abzustehen und zur Arbeit zurückzukehren!«

»Arbeiten!« lachte Ulrich rau, »dazu muss man erzogen sein. Wusste ich es denn, dass mein alter Vater sein Hab und Gut verlieren würde?«

»Das war freilich ein Unglück«, sprach Guta, »aber Du solltest Dich drein fügen und das Kartenspiel meiden. Sieh', ich habe meine alte Mutter zu versorgen, hundert Gulden habe ich mir erspart, die liegen da in meiner Lade, noch einmal will ich's mit Dir, teurer Ulrich, versuchen. Hier nimm das Geld, mit blutigen Händen erworben, gehe damit in die Stadt und suche eine Anstellung. Du führst ja eine schöne Handschrift und studiert hast Du auch.« Guta blickte Ulrich gar liebevoll an und gab ihm das Geld, Tränen standen ihr in den Augen.

Ulrich räusperte sich. »Eigentlich sollte ich das Geld nicht nehmen, aber die Not ist zu groß. — Guta, Du bist besser als eine Mutter; anstatt Du mich scheltest, bist Du mir gut, — und ich bin ein Taugenichts, vor welchem Alle fliehen!«

»Werde gut!« bat Guta, und so schieden sie.

Ulrich und Guta waren von Kindheit an Jugendgespielen gewesen. Ulrich war der Sohn des Gutsherrn, Guta die Tochter des Forstmeisters. Die beiden Kinder hatten sich sehr lieb. Guta war sanft und gut, Ulrich hingegen wild und oft boshaft. Guta war die Einzige, welche seine bösen Launen, seine Leidenschaftlichkeit bezwingen konnte. Oft, wenn er recht zornig war und sie ihn mit den treuen Augen ansah und sprach: »Ulrich, thu's nicht!« so wurde er gut. Ulrichs Vater verlor sein Hab und Gut, da ergab sich Ulrich, statt zu arbeiten, ganz dem Kartenspiel und dem Zechen. Umsonst beschwor ihn Guta, von dem schlechten Wege abzustehen. Ihr Vater starb und da hatte sie genug zu tun, sich und ihre Mutter durch ihrer Hände Arbeit zu ernähren. — Als nun Ulrich mit Gutas Geld forteilte, ging diese in ihr Kämmerlein, kniete nieder und bat Gott innig, er möge Ulrich beistehen, dass er vom Bösen lasse und ein ordentlicher Mensch werde. Unter Tränen flehte sie für Ulrichs Bekehrung, Gott möge sein Herz rühren. Sieh', da erschien ihr das Jesuskind. Es hielt ein silbernes Glöcklein und läutete hell, indem es sprach: »Gutes Kind, Gott hat Dein Gebet erhört, hier schenke ich Dir ein Armsünderglöcklein, mit dem läute immer, wenn Du für Ulrich betest, läute nur oft.« Und damit war es verschwunden. Guta aber stand getröstet auf und läutete nun fleißig mit dem Armsünderglöcklein, für Ulrich betend.

Ulrich war aus Gutas Stube fortgestürzt mit dem Vorsatz, eine Arbeit zu beginnen. »Hundert Gulden sind zu wenig«, sprach er, »rasch zum Kartentisch, da werde ich mir mehr dazu gewinnen!« Und richtig, er eilte in das Wirtshaus, wo schon seine Spielkameraden, rauchend und lärmend, saßen. — »Heda, Ulrich!« riefen sie, »hast Du Geld? Du siehst ja so vergnügt aus! Rasch, setze Dich her, ein frohes Leben führen wir!« Eiligst setzte sich nun Ulrich zu den Genossen.

Da, als er die erste Karte ausspielte, was war das? Da klang ein Glöcklein hell und klar in seinen Ohren: »Bim, bim, thu's nicht«, und Gutas Stimme klang mit den Glockentönen so bittend mit. Unwillig schüttelte sich Ulrich, er rieb sich die Ohren; die Andern lachten. »Was ihm denn sei?« fragten sie. Die Glocke tönte immer lauter — fort aus der Stube stürzte Ulrich. »Ein Glas Wein macht Alles gut«, dachte er sich; er trat in ein anderes Wirtshaus und verlangte guten Wein. Kaum hatte er das Glas an die Lippen gesetzt, als die Glocke abermals tönte und Gutas Stimme bat: »Thu's nicht!« Trotzdem stürzte er das Glas hinunter; doch nun war's aus, jetzt klang es wie Turmglocken ihm ins Ohr und er rannte so schnell er konnte fort aus der Wirtsstube.

»Bin ich denn krank?« fragte er sich. »Frische Luft und Bewegung brauch' ich. — Gehen wir in den Wald wildern, hab' dort ein Reh gespürt.« Er nahm seine Flinte und eilte dem Wald zu. Richtig, da sprang das frische Rehlein auf. Ulrich legte an — doch als er abdrücken wollte, erscholl wieder die Glocke so laut; Guta rief: »Lass' ab!« Das Gewehr entsank ihm. Er bekam nun Angst, dass er verzaubert sei, lief und lief; was er konnte, bis er aus dem Walde kam. Da lag ein tiefer See. »Nun weiß ich«, sprach Ulrich, »was dies Läuten bedeutet — mein Sterbeglöcklein ist es, also beschließen wir dies elende Leben — in die Tiefen des Sees hinab!« Doch als er den Sprung wagen wollte, da läutete es so ernst, so traurig, und Gutas Stimme rief: »Thu's nicht!« Ulrich sank in die Knie, Tränen stürzten ihm aus den Augen und er betete. — Nun läutete die Glocke so lieblich. Ulrich fiel sein ganzes Leben ein, er bat Gott um Verzeihung und betete so lange, bis er müde hinsank und einschlief.

Es fanden ihn die Forstleute des andern morgens wie leblos daliegen. Sie brachten ihn zu Guta, weil er sonst Niemanden hatte, der ihn liebte. Dort legten sie ihn aufs Bett, und Guta stand da, rieb ihm Hände und Stirn und weinte. »Gewiss hat er das Geld verspielt«, sprach sie tief bekümmert. Doch sieh', sie fand das Geld unversehrt. Da kniete nun Guta nieder und das Glöcklein klang hell und rein. Ulrich schlug die Augen auf. »Guta«, sprach er, »Du hast meine Seele gerettet, Dein Gebet hat mich bekehrt, ich geh' nun zum Heiland, der den reuigen Sünder aufnimmt«, und damit starb er. Auf seinem Grabe aber wuchs ein weißes Blümlein mit kleinen Glöckchen, die läuten zur Bekehrung des Sünders. Und Guta nannte das Blümchen »Maiglöckchen«, weil dies im Monat Mai geschah. — Und wo ihr das Blümchen wachsen seht, da gedenket der armen Sünder und betet für sie, und wenn ihr Jemanden, den ihr liebt, auf bösen Wegen seht, so gebt ihm ein Maiglöckchen und sprechet. »Thu's nicht!« und betet für ihn.

Der Einsiedler.

Es war einmal ein Mensch, der besaß Geld, Jugend und Schönheit. Er wusste sich's wohl zu Nutzen zu machen und genoss das Leben in vollen Zügen. Was Geld auf der Erde nur herbeischaffen kann, das hatte er Alles. Sein Leib war befriedigt, nicht aber sein Geist.

Er suchte reine, selbstlose Liebe und die fand er nicht, denn Alle liebten sein Geld mehr als ihn selbst.

Da dieser Mensch bei all' seinem Reichtum der Armen und Bedrängten nicht gedachte, hatte er auch kein Herz dankbar gemacht. Endlich verdross ihn das ganze Leben, er verachtete, ja er hasste die Menschheit.

Die Weiber schienen ihm ein Nest giftiger, falscher Schlangen, an nichts konnte er sich mehr erfreuen; da packte er seine Geldsäcke zusammen, ging in eine Wildnis und wollte dort, fern von allen Menschen, als Einsiedler leben.

Zuerst behagte ihm dies Leben sehr. Frei von den menschlichen Hyänen, die nach seinem Gelde lechzten, frei vom Wort der Lüge und der falschen Schmeichelei, konnte er nun die herrliche Natur, die Blumen, die Vögel, die Sterne in aller Ruhe betrachten. Er hatte viele belehrende Bücher mitgenommen, er sann darüber nach, ob es einen Gott gebe, ob der Mensch wohl unsterblich sei.

»Wozu dies ganze Leben?« fragte er sich oft, und es erschien ihm Alles so öd, so leer, ach, so ohne Seele, morsch und tot, dies lebendige Leben Je mehr er studierte, desto mehr kam er darauf, dass es keinen Gott und keine Unsterblichkeit gebe. Da kein Mensch da war, mit dem er diskutieren konnte, predigte er laut den Bäumen und Vögeln des Waldes seine »Theorie des Nichts« und die Vöglein lauschten sacht und schwirrten umher, die Äste der

Bäume neigten sich hin und her und flüsterten »Armer Mensch!«

Eines Abends saß er vor seiner Einsiedelei, die auf einem hohen Felsen lag, unten brauste der Strom im Tale ruhten Dörfer und Städte und über ihm schien der Mond so friedlich. Die stille Mondnacht hat ihre Eigentümlichkeiten, sogar der Glückliche empfindet oft ein geheimes, unbegreifliches Weh in stiller Mondnacht, der Unglückliche wird noch düsterer und denkt: »Ach, wäre ich doch tot!«

So ein mystisches Grauen beschlich den Einsiedler in dieser Mondnacht. Heute war es gerade, dass er ein philosophisches Buch über Gott und die Unsterblichkeit gelesen hatte. »Und wenn es so wäre?« fragte er sich bange, denn ihm graute vor dem ewigen Leben. Da er Nichts und Niemanden liebte, wollte er gerne ganz tot und zu Nichts werden. — Aus der Entfernung erschallte plötzlich ein Lied, eine Mädchenstimme sang:

>»Ich hatt' ein Lieb',
>Es ist gestorben;
>Bin still und trüb,
>Hab's Leid erworben.
>
>Sag', Liebchen, sag':
>Hörst Du mein Bitten?
>Denn Gott ich's Hag',
>Wie ich gelitten!
>
>Sieh', aus dem Grab
>Mein Geist wird schweben,
>Hol' Liebchen ab
>Zum ew'gen Leben!«

»Das ist das alte Lied von der jungen Liebe«, sprach der Mann, »sie wird sich schon trösten.« Doch ein eigenes

Weh zog durch seine Brust — hatte er nicht heute die wilden Tauben gesehen, wie sie so traut zu Zweien im Neste saßen, und die Schwalben am Dache seiner Hütte, wie emsig sie das Futter ihren Jungen zutrugen. »Das ist alles die Natur«, sprach er zu sich, »der Mensch steht mit dem Verstande über den Tieren und all' ihren kleinen Sorglichkeiten. Instinkt hat das Tier, Vernunft der Mensch.« Und so begab er sich dann zur Ruhe.

Des andern Morgens — er mochte tun, was er wollte, es war ihm nicht behaglich, — das traurige Lied des Mädchens klang ihm in den Ohren. »Ein guter Spaziergang bringt mich in Ordnung«, sagte er sich, »ich geh' zum Wasserfall, um dort dem Schaum des Wassers zu predigen.« Und er schritt den Felsweg hinab, er näherte sich einer Mulde am Fuße des Wasserfalles.

Da sah er etwas wie Frauenkleider oberhalb des Wassers schwimmen, rasch ging er hin, ja, er sprang in das Wasser und mühsam zog er die Leiche eines jungen, schönen Mädchens heraus. Er legte sie auf den grünen Rasen, ihre Augen waren fest geschlossen, der halb offene Mund sprach von tiefem Weh, die Perlenzähne blickten durch die hinaufgezogene Oberlippe, die Hände waren krampfhaft geballt, das lose schwarze Haar hing nass und schwer um das edle, zarte, weiße Gesicht, und in des Einsiedlers Ohren klang es:

»Hol' Liebchen ab
Zum ew'gen Leben!«

Leidenschaftlich wild umklammerte er den Leichnam des Mädchens und trug ihn in seine Einsiedelei. »Sie lebt«, sagte er, »sie ist nicht tot«, und er rieb ihre Hände, er blies ihr Wärme auf ihre kalten Lippen, er kämmte ihr langes Haar. Liebend, wie eine Mutter, trug er sie auf den

Armen herum. Ach, der arme einsame Mann, er liebte diese Leiche, er konnte sich nicht trennen von ihr, er rief sie bei allen Namen, die die Liebe nur eingibt. Doch ihre Augen blieben geschlossen, der Mund blieb stumm. Da kam die Nacht. Er hatte sie auf Blumen sanft gebettet, sie lag da im Mondenscheine.

»Ich will hier wachen, bis Du sprichst«, rief der Mann, »O kaltes Liebchen, sag' nur ein Wort!« Da — was war das? —

Aus dem leblos starren Körper der Toten entstieg ein goldiger Hauch und es bildete sich daraus eine Gestalt, lebend und lieblich lächelnd, ein Ebenbild der toten Maid. »Was rufst Du mich, verwegener Mensch?« sprach die Gestalt. »Lass' mich ruhen, hab' geliebt und gelitten und suche nun den Geliebten im Schattenreiche!«

Der Einsiedler sah die Erscheinung an, dann ergriff er die kalte Hand der lieben Toten und sagte:

»Nicht Dich rief .ich, Du Trugbild, diese starre Tote, sie, die ich liebe, sie soll sprechen.« Und nun schien es, als sauge der Leichnam die Lichterscheinung in sich ein und langsam fing der starre Körper an, sich zu bewegen, plötzlich öffneten sich die starren Augenlider und zwei große, dunkle Augen, so matt und trüb, blickten den Einsiedler an.

»Mensch«, sprach es aus der Leiche, »Deine große Liebe hat es vermocht, mich reden zu machen. Höre, die Lichterscheinung und ich, wir sind Eins — der tote Körper gehört ins Grab — lasse den Geist sich frei emporschwingen in das Reich des Unsterblichen!«

»Doch, ich will Dich haben, Du Teure!« sprach der Mann, »Dich, ach, bleibe lebend, verlasse mich nicht!«

»Ich kann nicht bei Dir bleiben«, hauchte das tote Mädchen sanft, »denn ich bin tot, ich gehöre dem Geliebten, um den ich gestorben. Doch mein Geist lebt, Dein

Schutzgeist kann ich werden! Willst Du einst mit mir vereint sein, so glaube an Gott und an Deine eigene Unsterblichkeit. Dein Herz sprach zuerst in Liebe zu einer Leiche, glaubst Du. Nein, zum Geist dieser Leiche sprach Deine Liebe. Gehe zurück in die Welt, tue Gutes mit Deinem Gelde und liebe die Menschheit, dann finden wir uns dereinst!«

Und Alles ward still, stumm war die Leiche, die Augen geschlossen, und der Mann weinte die ersten Tränen seines Lebens. Er weinte um das tote Liebchen, er weinte um das verlorene Leben, um den verkannten Glauben, und schließlich fiel ihm ein Gebet ein, das ihn einst seine Mutter gelehrt, das betete er laut. Er begrub die Tote, dann nahm er seine Geldsäcke, ging in die weite Welt und spendete Alles den Armen. Wo Not und Elend war, da kam er zu Hilfe, ja, er liebte die Armen und Unglücklichen und tat Gott tausendfach Abbitte für seinen früheren Unglauben.

Aber so recht froh konnte er nicht werden. Eine unendliche Sehnsucht nach der Toten verzehrte ihn. Er tat Alles zur Sühne seines früheren Lebens und in der Hoffnung, dadurch die Liebe der Toten zu erringen.

Und eines Tages war er alt, müde und krank, all' sein Geld hatte er den Bedürftigen gegeben. Nun, dachte er, kann ich doch als Einsiedler in meiner alten Eremitage sterben. Müden Schrittes ging er hinauf den steilen Felsweg, da kam er zu ihrem Grabe. Dort setzte er sich nieder und rief: »Nun, o süße Tote, bin ich gekommen, sprich, habe ich mein Werk vollendet? Eine Tote hat mich zum Leben erweckt, nimm mir nun das Leben und gib mir Deine Liebe!«

Da einstieg der Gruft dieselbe Lichtgestalt, wie einst der Leiche, sie neigte sich sanft zum alten Manne, sie küßte ihm die faltige Stirne und legte ihm ihre Hand aufs

Herz und sprach:

>»Liebe wecket Dich zum Leben,
>Liebe führt Dich in den Tod;
>Leben wird Dir neu gegeben. —
>Geister, preiset Euren Gott!«

Und der Greis sank tot auf das Grab der Geliebten. In den Lüften aber schwirrte und flüsterte es und das Auge des Sehers sah zwei Lichtgestalten eng umschlossen in das Reich der ewigen Liebe schweben.

Erica.

Es war einmal ein junges Mädchen, das wollte etwas recht Gutes in der Welt erleben. Zu Hause war es ihm zu still und einsam, deshalb zog es seine Reisestiefelchen an, setzte sich ein rotes Kopftuch auf und ging in die weite Welt. Es war schon eine Weile gegangen, da kam es in einen großen Wald, darin sangen die Vöglein so schön, der Wald sah so einladend und lauschig aus, das Mädchen ging immer tiefer und tiefer hinein, bis es sich verirrte.

Die Sonne war untergegangen, im Walde wurde es finster und dem Mädchen ward es bange. Da ging der Mond auf und ein Strahl schien durch das grüne Laub. Das Mädchen stellte sich in das Mondlicht und sprach: »Mondschein, der Du in den Wald hinein scheinst, trage mich von da hinaus.« Und es setzte sich auf den Mondstrahl, zappelte mit den Beinen und klatschte in die Hände. Der Mondstrahl trug es fort über die Wipfel der Bäume und setzte es auf eine grüne Wiese. Da saß es im Tau, zwischen den Blumen. Das behagte ihm nicht, denn der Tau war nass und die Blumen waren so langweilig. Da ergoss sich ein zweiter Mondstrahl über die Wiese. Und das Mädchen sprach: »Mondschein, der Du auf die Wiese kamst, trage mich fort von hier.« Das Mädchen setzte sich auf den Mondstrahl, zappelte mit den Beinen, klatschte in die Hände, und fort war es. Der Mondstrahl setzte es in ein kleines Schifflein auf die goldigen Wogen des Meeres. Das Schifflein aber war leer. Und dem Mädchen wurde bange allein auf unabsehbarer, weiter See. Da fiel ein Mondstrahl über die Wogen; er fiel gerade in das Schifflein. Und das Mädchen sprach: »Du Mondstrahl, der Du über das Meer scheinst, trage mich fort von hier.« Und es setzte sich auf den Mondstrahl; aber es zappelte nicht mehr mit den Beinen und klatschte auch nicht mehr in die Hände. Es weinte und fragte: »O, wo wirst Du mich hintragen ich bin des Wanderns müde. Ich war im Walde zwischen hohen Bäumen, auf der Wiese zwischen Tau und Blumen, im Schifflein auf wogender See — nirgends habe ich Glück und Liebe gefunden und hatte doch so viel erhofft vom Leben, o Mondschein, wo geht's nun hin?« Der Mondstrahl aber antwortete nichts. Er setzte es sanft auf den Kirchhof nieder. Da schlief es ruhig ein bis der erste Sonnenstrahl erschien und seine müde Seele in sich aufnahm und zur Ruhe brachte. — An der Stelle aber, wo es gelegen, da wuchs ein Blümlein mit rosenroten Glöckchen dicht an einander. Diese Blume wachst im Walde, auf der Heide, an felsigen Meeresküsten; sie ist zart und hübsch, es fehlt ihr jedoch das saftige, frische Leben, der Duft anderer Blumen, so wie dem verirrten Mädchen die Liebe gefehlt. Diese Blume heißt: »Erica.«

Der Prinz ohne Herz.

Die Kaiserin Vamutka genas eines munteren, schönen Prinzen, worüber der Kaiser Supatma hocherfreut war, denn er hatte ja schon sechs Töchter, aber einen Sohn und Thronfolger hatte er noch nicht, und den musste er doch haben. Das ganze Land freute sich mit dem guten Kaiser.

Alle Zauberer, Feen und Astrologen der Nebenreiche kamen zu des Prinzen Taufe. Der Kaiser ließ Horoskope für die Zukunft des Prinzen stellen, und er beriet sich mit den Feen und Zauberer, wie es anzufangen sei, damit der Prinz der allerglücklichste Mensch der Erde werde. Sie traten Alle zusammen und berieten sich; aber trotz ihrer Kunst und ihrer Weisheit — ein ungetrübtes Glück auf Erden hatten sie noch nie zu Stande gebracht. Sie beschenkten den neugeborenen Prinzen mit allen guten Gaben, er erhielt Schönheit, Verstand, einen nie versiegenden Reichtum, eine unerschütterliche Gesundheit, und erklärten nun, nichts mehr tun zu können. Die gute kleine Fee Bonta trat plötzlich herein und sprach: »Ihr habt dem Prinzen Alles gegeben, nur kein Herz, wie soll er sein Glück genießen ohne Herz? — Ich habe ihm ein vortreffliches Herz mitgebracht.«

Plötzlich raschelte und prasselte es herein. Ein Wagen aus Fledermausflügeln, von Krokodilen gezogen, kam herein, darinnen saß die alte Zauberin Scandalosa in ihrem Kleid von Schlangenhaut, mit Regenwürmern aufgeputzt. »Halte ein, Du Närrin!« schrie sie der armen Bonta zu. »Ihr Narren alle, haltet ein! Die Gaben, die ihr dem Prinzen gebet, führen nur zum Unglück, sobald das Kind ein Herz bekommt.« »Du, Herz, erstarre!« sprach sie, indem sie zur goldenen Wiege des Prinzen trat und ihm den Finger auf das Herz legte. Und nun nahm sie das versteinerte Herz heraus — aus Vorsicht, meinte sie — damit der Stein niemals erweicht werden könne, und warf es Bonta lachend vor die Füße, so dass das Steinherz in hundert Trümmer zerbrach. »So ist's recht!« lachte Scandalosa, »jetzt hat er gar kein Herz mehr, jetzt wird er sein Leben ungetrübt genießen. Ein gutes Herz führt nur zum Schmerz. Ja, ein guter Magen, der ist zum Glück des Menschen notwendig. Nennt ihn nun Fortunio, den Prinzen des Glückes.« Und fort sauste die alte Scandalosa. Die Fee Bonta aber sammelte sorgsam alle Splitter des versteinerten Herzens, hauchte sie liebevollst an und fuhr in ihrem Schwanengespann recht betrübt von dannen.

Prinz Fortunio wuchs heran und wurde ein Wunder von Verstand und Schönheit. Die Leute kamen von weit und breit, um ihn zu sehen und anzuhören. Die tiefsten Wissenschaften schienen ihm angeboren. Er konnte alle Sprachen reden, seine Körperkraft war die eines Riesen und über seine Schönheit wurden Folianten von Gedichten geschrieben. Der Kaiser Supatma und die Kaiserin Vamutka waren glückselig, solch eine Vollkommenheit von einem Sohne zu haben. Nur Eines schmerzte sie, sie mochten Fortunio so viel Liebe, als sie nur wollten, zeigen, er blieb immer kalt und gleichgültig gegen Alle, er konnte weder lachen, noch weinen, er empfand weder Freude, noch Schmerz, und Alles war ihm gleichgültig, weil er kein Herz besaß. Es brach eine böse Krankheit im Lande aus, die Menschen starben wie die Fliegen. Alles jammerte und weinte, Fortunio aber schrieb unterdessen eine gelehrte Abhandlung über Insekten und merkte all das Unglück um sich her gar nicht.

Ebenso ruhig und teilnahmslos blieb er, als die Epidemie seine sechs Schwestern dahinraffte. Ihm konnte ja keine Krankheit nahen, also sah er gelassen den Tränen seiner Eltern zu, die Tag und Nacht weinten. »Warum rinnt Euch nur so eklig das Wasser aus den Augen?« fragte er seine Eltern. Doch diese konnten ihm ein Ding, das er nie empfinden konnte, nicht begreiflich machen. Endlich starben seine Eltern aus Gram.

Er ließ sie, unbekümmert um den Verlust, in die Gruft tragen, und während alle Glocken zur Beerdigung läuteten, machte er seine riesigen Turnübungen. Nun war er selbst Kaiser und sollte mit Gerechtigkeit und Liebe herrschen. Es kam eine Hungersnot über das heimgesuchte Land. Fortunio verstand nun auch den Hunger der Leute nicht, denn er hatte niemals Hunger, deshalb schrieb er eine gelehrte Abhandlung, dass der Hunger eine Einbildung sei. Er tat auch nichts, um den Armen im Lande zu helfen. Wer elend und unglücklich war, der wurde gleich aus dem Lande getrieben. Klagen wollte Fortunio nicht anhören, sie kamen ihm dumm und läppisch vor, denn — Empfindungen oder eine Seele, ein Herz — das gibt es nicht, sprach er. Das sind dumme Redereien, Erdichtungen des blöden Volkes. Er wurde also ein rechter Tyrann und Egoist, der nur an sein eigenes Ich dachte. — Eines Tages machte er einen langen, einsamen Spazierritt, denn er war meistens allein, er liebte ja Niemanden, er brauchte keine Gesellschaft oder Menschen, die stets von Empfindungen sprachen, die er nicht verstand.

Als er so im dunklen Walde ritt, da erblickte er einen Jägersmann und ein schönes Mädchen, die küssten sich und sprachen von Liebe und ewiger Treue. »Was macht Ihr da?« fragte sie Fortunio. Und das schöne Mädchen sprach: »Der Jägersmann ist mein Bräutigam, morgen halten wir Hochzeit, wir lieben uns gar sehr«, und sie gab dem Jägersmann einen ordentlichen Schmatz. »Was heißt denn dieses Berühren Eurer Lippen? das ist zu possierlich«, sagte Fortunio.

»Ei, das ist ein Kuss«, lachte das Mädchen, »das schmeckt gar süß, wenn man sich liebt.« »Lieben, Kuss«, sann Fortunio. »Unsinn, komm' her, Du Mädchen, gib mir einen Kuss, dass ich es probiere.« Doch darüber erzürnte der Jägersmann gar sehr und das Mädchen wandte sich entrüstet ab und sprach: »Ich küsse nur den, den ich liebe, gehabt Euch wohl.« Fortunio ritt weiter. »Immer dieses Lieben«, sprach er nachdenklich, »die Menschen reden trotz meines Verbotes immer nur davon, alle Augenblicke muss ich es hören, wie mag das nur sein!« Nun kam er zu einer Bauernhütte, die wohl recht ärmlich aussah. An der Pforte saß die junge Mutter, ihr Kindlein an der Brust, zu ihren Füssen saß ein blondgelockter Knabe, er liebkoste seine Mutter und rief aus: »Ach, Mutter, wie lieb ich Dich habe!« »Auch die lieben sich«, dachte Fortunio verdrossen. »Alles tut lieben, sich küssen, lachen, weinen, nur ich kann das Alles nicht.«

Endlich kam er zu einer Grotte, dort wohnte die böse, alte Zauberin Scandalosa. »Du, Zauberin«, sprach Fortunio, »Du sollst Alles können. Gib mir ein Rezept fürs Lieben, ich will wissen, wie das tut.« Die Alte lachte laut auf: »Da seht mal den undankbaren Kerl! Wusste ich doch, dass es so kommen würde; die dumme Bonta hat sein Herz zusammengekleistert, es lebt doch noch irgendwo und, ihm unbewusst, spricht es zu der Stelle, wo es einst gesessen; das soll doch der Teufel holen! Du willst lieben, Du Narr? nun, so sage mir zuerst, ob Du auch leiden willst?« »Zur Abwechslung ja, warum nicht«, sprach Fortunio, »es wäre etwas Neues. Ich möchte wohl wissen, was ein Schmerz ist und ob mir wohl auch so ein Salzwasser aus den Augen rinnen könnte.« »Du undankbarer Wicht«, kreischte Scandalosa, »nein, Du sollst weder leiden, noch lieben! Ich war so gescheit, Dir bei Deiner Geburt das Herz zu versteinern und aus dem Leibe zu reißen, damit

Du der glücklichste Mensch der Erde werdest; Du hast also kein Herz — hörst Du? Du sollst weder lieben noch hassen, weder lachen noch weinen. Und jetzt trolle Dich weiter!« Scandalosa ließ eine Phosphorsäule aufwirbeln, die sogar für Fortunios Nerven zu stark war. Er ritt weiter. Da hörte er eine geheimnisvolle Stimme um sich herumschwirren, die sang gar traurig:

»Armer Prinz, hast kein Herz,
Fühlst weder Freud' noch Schmerz!«

Fortunio folgte mechanisch dem Zuge dieser melancholischen Stimme, bis er in ein ganz fremdes Land kam, wo ihn Niemand kannte, wo Niemand etwas von ihm wusste. Kaum war er in das fremde Land getreten, da regnete es um ihn, das Glückskind herum lauter Goldstücke; er wusste nicht, was er mit dem vielen Gelde anfangen sollte; also streute er es den Leuten hin. Da rannte ihm das ganze Volk nach, Arme, Reiche, Hohe und Kinder, die sammelten das Gold; ja, sie prügelten sich, brachten sich um, des Goldes wegen; es entstand eine solche Verwirrung und Unordnung im ganzen Lande, des ausgestreuten fließenden Goldes wegen, dass Ama, die junge Königin des Landes, eine Armee aussandte, um Ordnung zu stiften und Fortunio gefangen zu nehmen. Kaum aber sah die tapfere Armee den Goldregen, als Alle die Waffen fortwarfen und das Geld sammelten, die Soldaten wie auch die ältesten Generäle, alle stopften sich die Säcke voll des Goldes. Und so sandte Ama sechs Armeen aus, bis zu ihrem letzten Soldaten. Alle blieben aber fort, zuletzt schickte sie ihre Minister und den Hofprediger aus, um Fortunio gefangen zu nehmen. Doch, o Jammer, auch die verfehlten ganz ihre Mission und hoben Gold auf, was sie nur konnten. Sie taten es genau so wie Bettler. Die Königin Ama war bald ganz allein in ihrem Palast, denn auch ihre Hofdamen waren ausgegangen, sich das Goldwunder mitanzusehen.

Ama zog nun selbst aus, Fortunio zu bitten, ihr Land, in welchem sein Geld solche Unruhen stiftete, zu verlassen. Ama war das liebreichste Geschöpf der Welt. Ihr langes Goldhaar wallte bis zur Erde herab und umgab sie wie Sonnenstrahlen. Mutig trat sie vor Fortunio und sprach: »Edler Prinz, ich bitte Euch, verlasset mein Land mit samt Eurem Golde, das die Menschen so verderbt, so böse und habgierig macht. Seht, wie sie sich zanken und totschlagen, ach, habt Erbarmen, verlasset nur mein Reich!«

Fortunio blickte auf Ama. Eine solche engelschöne Erscheinung hatte er noch nie erblickt. Die Stelle, wo einst sein Herz gesessen, fing zu brennen an, er fühlte sich beklommen, das war ihm etwas Neues, und er rief aus: »Schöne Königin, Dein Wille sei erfüllt, ich befehle dem Golde auszubleiben und kein Heller wird mehr kommen, — aber lasse mich bei Dir ausruhen, denn eine geheimnisvolle Stimme hat mich hierher geführt.«

Ama hatte ein Herz, und was für eines! Den herrlichen Krieger sehen und ihn lieben, war eins. »Seid Ihr nicht König Fortunio, das Glückskind ohne Herz?« fragte sie beklommen.

»Ja, der bin ich«, erwiderte Fortunio heiter, »ich kann weder lieben, noch hassen, weder lachen, noch weinen, und mich hungert nie.«

»Du kannst nicht lieben?« fragte ihn Ama mit einem tiefen Seufzer.

»Armer Prinz, hast kein Herz,
Fühlst weder Freud' noch Schmerz!«

»Das ist dieselbe Stimme, die mich hierher geführt hat!« rief Fortunio aus. »Ich bleibe hier, vielleicht kannst

Du mich das Lieben lehren, schöne Ama.« Da fiel ein Sonnenstrahl auf Amas Haupt und ihr Haar erglänzte schöner, als alles Gold, das Fortunio ausgestreut hatte. Fortunio streichelte das seidene weiche Goldgelock und sprach: »Ach, das ist herrlich schön!« und die Stelle, wo einst sein Herz gesessen, brannte ihn; durch Amas Seele aber ging es wie ein Pfeil von Schmerz und Wonne zugleich. Fortunio rieb sich die schmerzhafte Herzstelle und sprach »Da prickelt es so angenehm«, und er machte ein so possierliches Gesicht dazu, dass Ama lachen musste.

Fortunio blieb nun am Hofe Amas und wartete, bis das Lieben käme. Aber bei ihm kam es nicht, nur Ama war von Leid und Liebe ganz blass und traurig geworden. Dies begann das verwöhnte Glückskind zu langweilen; er verstand die stummen Fragen ihrer großen Augen nicht, und als das Prickeln an seiner Herzstelle nicht aufhören wollte, war er eines schönen Tages fort, verschwunden, ohne Ama nur ein Wort des Abschiedes zu sagen.

Amas Taufpatin war die gute Fee Bonta. Die ließ nun Ama in ihrer großen Betrübnis rufen, — vielleicht wusste sie es, wo Fortunio nun sei.

»Liebe Bonta«, sprach Ama, »sieh', ich muss aus Liebe sterben, ich liebe Fortunio, das Glückskind ohne Herz, ach, könntest Du ihm kein neues, gutes Herz machen? ich will es ihm einsetzen, o hilf mir armem Wesen, gute Bonta!« »Ei, mein teures Schätzchen«, sprach Bonta, »gräme Dich nicht so ab, sieh', ein neues Herz brauchen wir gar nicht. Ich habe ja sein altes Herz hier bei mir, es ist zwar versteinert, doch der Liebe eines Weibes ist kein Ding unmöglich.« »Ach, gib mir das steinerne Herz!« rief Ama freudig aus, »meine Tränen sollen es erweichen.« »Sachte, sachte, liebes Kind«, erwiderte die gute Fee, »Du musst mir genau folgen, sonst ist Alles auf ewig verloren. Nun pass' einmal auf: hier siehst Du, Fortunios Herz ist so hart wie Kristall, nimm das Herz — nur die allergrößte Liebe und Geduld kann es erweichen — hauche es dreimal täglich warm an und lasse Deine Sehnsuchtstränen darauf fallen, trage das Herz warm auf Deinem Busen Tag und Nacht, binde es Dir fest ein, und wenn Du fühlst, dass das Herz warm wird, dann lasse mich rufen.« Und damit entfernte sich Bonta.

Ama tat Alles genau nach Vorschrift, sie trug das steinerne Herz auf ihrem warmen Busen, sie hauchte es liebevollst an und reichlich fielen ihre Sehnsuchtstränen auf dasselbe. — Und der Stein erwärmte sich langsam immer mehr und mehr, ja er wurde sogar weich, denn Ama weinte eben so, dass es einen Stein erweichen musste.

Ama ließ nun Bonta rufen, diese untersuchte das warme, weich gewordene Herz und schmunzelte befriedigt. Als sie aber Amas bleiche Wangen sah, war ihr Herz voll Mitleid. »Armes Kind!« sprach sie, »sei stark, ein hartes, schweres Werk steht Dir noch bevor: das Einsetzen des Herzens. Als Fortunio von Dir schied, da war ihm die Stelle, wo einst dies Herz gesessen, schmerzhaft geworden, er ging zur Scandalosa, die rieb es ihm mit dem Hochmutskraut ein und nun liegt eine harte Kruste auf der Stelle, auch die muss erweicht werden. Sieh', liebes Kind, ich mache Dir hier an der rechten Seite einen Schnitt in die Haut und nähe Dir Fortunios Herz ein, damit es dort an der Seite Deines edlen, guten Herzens lieben und schlagen lerne. So — nun ist das Herz drinnen.«

Ama ließ sich mit Wonne in die Seite schneiden und wieder mit dem Faden der Geduld, der niemals reißt, wenn er echt und gut ist, zunähen. Voll Wonne spürte sie nun zwei Herzen in ihrem Busen und jeder frische Schlag von Fortunios Herz gab ihr neue Kraft zum schwierigen Werke. — Ja, die Liebe vermag Alles. —

»Nun«, sprach Bonta, »muss ich Dich, Du herrliche, schöne Ama, in eine alte, hässliche Bettlerin verwandeln und nur Deine liebliche Stimme sollst Du behalten: Gelingt es Dir, von dem stolzen, herzlosen Fortunio ein Almosen zu erpressen, so ist schon viel gewonnen.«

Als alte, hässliche Bettlerin saß nun Ama am Palast Fortunios. — Da kam er, stolz, hochmütig, ohne Herz, doch schöner als je. — Amas eigenes Herz wäre vor Wonne beinahe zersprungen, als sie ihn nach so langer Zeit wieder sah, doch die langsamen Schläge des zweiten Herzens beruhigten sie. Zwei Herzen pochten in ihrem Busen, das eine in Leid, das andere in Freud'. Und schüchtern streckte sie Fortunio ihre Hand entgegen, mit sanfter Stimme um ein Almosen bittend.

»Heda, Wächter!« rief Fortunio barsch, »schaffet mir das eklige alte Weib da heraus, in meinem Reich darf Niemand betteln, fort mit Dir!«

Als die Wächter Ama packen und fortschleppen wollten, da presste sie stark ihre Hand auf Fortunios Herz und sprach:

»Armer Prinz, hast kein Herz,
Fühlst weder Freud' noch Schmerz!«

Fortunio blieb betroffen stehen, er rieb sich die Stirne, als erinnerte er sich an etwas, er nahm rasch einen Ring von seinem Finger, warf ihn der Bettlerin hin und sprach: »Aber nun sieh', dass Du mir nicht wieder vor die Augen kommst!« Freudig steckte Ama den Ring an ihren Finger, ihre guten Wolken des Trostes, die unsichtbar sie umschwebten, nahmen sie auf und sie begab sich zu Bonta. »Das ist viel gewonnen«, sprach Bonta, hocherfreut den Ring betrachtend. »Weißt Du, dass Du Dich durch den Ring unsichtbar machen kannst? Es ist dieser Ring ein Geschenk von mir an den seligen Kaiser Supatma gewesen, den ich ihm gab, damit er ungesehen unter seinen Ministern und Untertanen weilen könne. — Du wirst Dich heute Nacht unsichtbar machen und so gleichsam wie ein Geist in Fortunios Schlafgemach einschleichen. Es gilt nun, die Kruste des Hochmuts, die ihm auf der Brust liegt, durch Liebe schmelzen zu machen. Weißt Du, die Kruste bekam heute, als Fortunio Deine Stimme hörte und als Du sein pochendes Herz an Deine Brust drücktest, einen Riss. Er fühlt wieder das Prickeln und schon sandte er um Scandalosa, die um Mitternacht im Schlangengespann ankommt; sie bringt die bösen Genien Unglaube, Hochhuth und Bosheit mit — gar arge Wesen. Ich gebe Dir die drei guten Genien Glaube, Liebe und Geduld mit. Wenn Fortunio schläft, so hauche ihm warm auf die Kruste, die ihm eisern die Brust umschließt und sprich: »Tue dich auf!«

Fortunio schlief einen gesunden, festen Schlaf. Ama war schon da mit den drei guten Genien, als Scandalosa mit ihren drei Höllengenien angebraust kam. Nun entstand ein furchtbarer Kampf, schon glaubte die arme Ama zu unterliegen. Doch da kam ihr das Gebet zu Hilfe, worauf die Bösen zischend verschwanden. Jetzt war es still im Schlafgemach. Ein himmlisches Licht verbreitete sich um Ama, sie kniete nieder vor dem süß schlummernden Geliebten und hauchte ihn warm an, beim dritten Male fiel eine heiße Träne ihrem Auge und die brannte ein Loch in die harte Kruste ein, — Fortunio stöhnte im Schlafe und sprach: »Ama, es schmerzt!« Beinahe wäre die arme Ama schwach geworden und hätte ihn geküsst, denn die beiden Herzen pochten wild in ihrer Brust, doch hörte sie Bontas Warnungsruf und riss sich los. — »Du warst sehr brav und tapfer, gutes Kind«, sprach Bonta zu ihr, »nun, die nächste Nacht musst Du den Faden der Geduld herausnehmen Fortunios Herz heraustrennen und es ihm warm an die alte

Herzstelle einsetzen, es wird schon gut anwachsen, habe keine Sorge darob, denn was mit Liebe eingepflanzt wird, das wächst sicher und rasch. Da nimm diese Vergissmeinnichtsalbe mit der reibe ihn dann ein, damit Alles bald zuheile, aber so bald Du damit fertig bist, musst Du rasch fort zurück in Dein Reich. Ja, Du musst dort warten, bis er selbst zu Dir kommt, bis ihn Liebe und Sehnsucht zu Dir treiben. Ja, so muss es sein, denn siehst Du, er muss sich erst an sein junges Herz gewöhnen, es könnte leicht zerspringen vor Freude, wenn er Dich gleich erblickte.«

Als Fortunio des Morgens aufwachte, war er sehr verstimmt, zum ersten Male in seinem Leben fühlte er sich unbehaglich, die Brust war ihm wie wund und er sprach zu sich selbst: »Gottlob, das ist was Neues, der Schmerz tut wohl.«

Er ließ Niemanden in sein Zimmer und die Erinnerung an die schöne Ama wollte ihn nicht verlassen. So kam die entscheidende Nacht, in der sie ihm ein Herz einsetzen sollte. Ama ging tapfer an ihr Werk, die bösen Genien waren überwunden, still saß sie mit allen guten Genien an Fortunios Bett. Ama schnitt sich Fortunios Herz aus der Brust und legte es ihm warm an die nun offene Stelle des Herzens, sie hauchte die Wunde an, rieb sie dann mit der Vergissmeinnichtsalbe ein und rasch, rasch trugen sie die guten Genien fort in ihr Reich, wo sie nun Fortunio erwarten sollte.

Und Fortunio lag in süßen Träumen. — Ihm träumte, dass er die herrliche Ama liebe, er wollte sie haschen und sie lief immer fort eine unendliche Sehnsucht nach ihr ergriff ihn. Er wachte auf und hell schien die Sonne. »Ach, war das gut und herrlich!« sprach Fortunio, »ich habe geträumt, mir dämmerts, wie es ums Lieben sei. Ach, was ist mir nur? mir scheint gar, mich hungert's.« Darob sperrte der Lakai das Maul auf und rührte sich nicht vom Fleck.

So etwas hatte Fortunio noch nie gesagt. »Nun, was wunderst Du Dich denn so, dummer Junge«, schrie Fortunio den Diener an, »hat Dich niemals gehungert?« »Ja, ich bin hungrig, rasch ein Frühstück her!« Die Nachricht, dass Fortunio Hunger habe, verbreitete sich bald im ganzen Palast und die Leute dankten Gott dafür, denn nun, sagten sie, würde er doch wissen, wie wehe der Hunger den Armen tut.

Der Lakai kam rasch mit dem Frühstücksbrett herein, doch er stolperte über den Teppich und — Pardautz! — lag er da auf dem Bauche und die Speisen um ihn herum. Dies erschien nun Fortunio so komisch, dass er laut zu lachen begann. »Ei, das tut wohl!« rief er einmal um das andere, er lachte fort und fort. Seine Minister kamen herbeigeeilt, um dies Phänomen, den lachenden Fortunio, zu sehen und lachten, ohne zu wissen warum, aus Höflichkeit alle mit, und das ganze Land lachte und freute sich an dem Tage.

»Schaffet mir einen weisen Arzt herbei«, sagte nun Fortunio, »da links in der Brust klopft es mir so, ich weiß nicht, was das ist, das tut wohl und weh.« Und es kam alsbald der alte Leibarzt des seligen Kaisers Supatma. »Das ist«, sprach der weise Äskulap, »nichts anderes, als ein gesunder, normaler Herzschlag.« — »Ich habe ja kein Herz«, sagte der Prinz, »Ihr wisst es ja.« Nun sagte der Doktor: »Eure Majestät haben ein Herz, es ist positiv ein Herz, es mag ja nachgewachsen sein.«

Gleich schrieben nun die Gelehrten Abhandlungen über Nachwüchse der Herzen. Fortunio war hocherfreut, ein Herz zu besitzen, aber bald machte es ihm allerhand Schmerzen. Als er in den großen Saal trat, in welchem die Bilder seiner Eltern und Schwestern hingen, fing er laut an zu weinen und zu jammern, er ging in die Gruft und empfand einen großen Schmerz um ihren Tod. Dann fühlte er

Mitleid mit allen Armen und Kranken und ließ ihnen all' sein angesammeltes Geld austeilen. Im Lande war große Freude über den Herznachwuchs des Königs. — Bald ergriff ihn eine unendliche Sehnsucht nach Ama. Er ließ Boten aussenden, die nach ihrem Reiche forschen sollten, aber Alle kamen unverrichteter Dinge zurück, Amas Reich war nicht zu finden. Da machte er sich nun selbst auf, um seine Geliebte zu suchen, und sollte es am Ende der Welt sein, sagte er, finden müsse er sie. Und Ama saß in ihrem Palast und wartete voller Sehnsucht auf Fortunio. — Da kam eines Tages ein weißes Täubchen zu ihr geflogen und sprach: »Geh' zu dem Palmenwalde, dort bei der Quelle liegt Fortunio.« Ama eilte hin und richtig fand sie den Geliebten ganz blass und matt dort liegen. Sie dachte, er sei sterbend, so bleich sah er aus. »Fortunio«, rief sie — »Ama ist da, o blicke mich an!« — Fortunio blickte auf und rief: »Endlich, endlich, Ama, sind wir vereint! Ich habe die Welt durchwandert, um Dich zu suchen. O Ama, ich habe ein Herz und ich liebe Dich unsäglich!« Und er küsste sie unzählige Male.

Ihre Hochzeit wurde nun glänzend gefeiert. Bonta war die Brautmutter und freute sich über ihr Glück. Dass aber Ama ihrem Fortunio das Herz eingesetzt habe, das sagte sie ihm nie. Sie ließ ihn dabei, dass es aus ihm selbst nachgewachsen sei. —

Gewisse Dinge muss man verschweigen.

Das Vergissmeinnicht.

Das Gebet der Mutter rettet die Seele aus der Hölle.

Über das Vergissmeinnicht ist schon Vieles geschrieben worden, — von Liebe, Treusein und Nichtvergessen. Ich aber weiß eine Geschichte über das Vergissmeinnicht, welche von keinem Liebespaar handelt, sondern von einem treuen Mutterherzen. — Die Vergissmeinnichte sind die Augen eitler Mutter. —

Es war einmal eine Mutter, die hatte einen einzigen Sohn, und den liebte sie gar sehr. Dieser Sohn aber war ein großer Taugenichts. Es kann sein, dass ihn die Mutter in seiner Kindheit etwas verzog. Mit einem Wort, trotz Bitten und Ermahnungen wurde der Sohn immer schlechter. Er musste fort in die Fremde, übers Meer nach Australien. Die Mutter weinte gar herbe Tränen. Beim Abschied segnete sie den Sohn, sie hängte ihm ein Kreuzlein um den Hals und bat: »Trage das immer mir zu lieb und vergiss nicht mein!« Dabei blickte sie ihn so innig an mit den treuen, blauen Augen, dass der Sohn sich abwandte, eine Träne abwischte und versprach, das Kreuzlein immer zu tragen. Der letzte Blick ihrer Augen blieb aber bei ihm, den konnte er nicht vergessen.

An dem Kreuze, welches die treue Mutter dem Sohne umgelegt hatte, haftete viel, sehr viel Gebet und schwere Tränen; stets hatte sie beim Beten gesprochen: »Vergiss mein nicht!«

Der Sohn fuhr übers Meer, das Gebet der Mutter ging mit ihm. Retten, erbitten wollte sie seine Seele aus allem Bösen und ihr Glaube war stark. — Von dem Tage an, als der Sohn das Kreuz der Mutter trug, konnte er machen, was er wollte: so oft er im Begriffe stand, eine böse Handlung zu begehen, sah er der Mutter treue, blaue Augen und hörte sie bitten: »Vergiss nicht mein!« Einmal kam er in eine arge, große Versuchung, er wollte es tun, da nahm er das Kreuz und warf es auf die Erde, um die Stimme nicht zu hören. Doch siehe, da sprossten Hunderte von blauen Vergissmeinnicht aus der Erde und tausend Stimmen riefen nun: »Vergiss nicht mein!« Mit tausend Augen sah ihn die Mutter bittend an. Betroffen blickte er auf die lieblichen Blümlein. Gott hatte sein Herz getroffen, das Gebet der Mutter ward erhört, in seinem Innersten ging eine große Umwandlung vor — er betete.

Er küsste die Vergissmeinnicht, nahm einen Strauss davon und eilte übers Meer zurück zur Mutter. — Diese lag krank im Bette und wartete auf den Sohn, denn sie wusste es, dass er kommen würde. Da trat er cm mit dem Strauss Vergissmeinnicht.

»Gott sei gelobt und gepriesen!« rief die alte Mutter, »mein Gott, zum zweiten Male hast Du mir den Sohn geschenkt. Der Verlorene hat den Weg zu Dir gefunden!« Sie deutete auf ein Glas, darin blühten blaue Vergissmeinnicht.

»Auch mir ist das Blümlein gewachsen«, sprach sie zum Sohne, »es sind auch weiße dabei, das sind meine weißen Haare«

»Und die blauen sind Deine treuen Augen!« sprach der Sohn und küsste der Mutter Stirne und Hände. Bald darauf ging die Mutter ins Jenseits ein. Der Sohn pflanzte Vergissmeinnichte auf ihr Grab. Er wurde dann Missionar und predigte das Evangelium und sprach von der Kraft des Glaubens und des Gebetes, von Rene und Bekehrung des Sünders, von Gottes unendlicher Gnade.

Auf und in der Erde.

Die Leni war Magd beim reichen Vogelbauer; sie war gerade mit den Kühen auf die Alm in die Sennhütte gewandert. Die Kühe gingen wohlgemut des Weges, ihre Glocken klangen durch den stillen Tannenwald. Der Leni schien es wie ein Grabesläuten. Langsam ging sie weiter. Das Bergsteigen war es wohl nicht, was ihr die Brust so beklommen machte, denn das war sie ja gewohnt. Aber der Gedanke an den Bauernhof da unten, den sie nun für so viele Wochen verlassen hatte, der machte ihr das Gehen schwer. Sie blieb öfters stehen und schaute zurück. Immer kleiner und kleiner wurden die Häuser im Tale, der große Hof des Vogelbauers verschwand endlich ganz und nur noch der spitze Kirchturm des Dörfleins war zu sehen.

»So, jetzt hab' ich den letzten Blick«, sagte die Leni schwer seufzend, »leb' wohl, Franzel.« — Leni war schon mehrere Wochen droben in der Sennhütte; da saß sie dann eines Nachmittags auf der Wiese an dem Fleck, wo man mit einem scharfen Auge die höheren Bergspitzen des Thales, in welchem der Vogelbauer seinen Hof hatte, sehen konnte.

»Denkt der Franz wohl an mich?« sprach die Leni. »Oder hat er mich schon ganz vergessen? — Er muss mich ja vergessen; ist denn nicht die Rosi vom Sidelwirt die ihm versprochene Braut? War ich denn nicht selbst dabei, wie sie ihr Verlöbnis hielten? O mein Gott! und im Herbst, wenn ich von der Alm hinunter komm' ist sie schon sein Weib!«

Leni barg ihren Kopf in das hohe, seidenweiche Almgras und schluchzte laut, denn es war ja kein Mensch da, der sie hören konnte. — Da plötzlich war es ihr, als fühlte sie einen warmen Atem auf ihren Wangen und eine ihr gar

wohlbekannte Stimme fragte: »Was weinst denn, Leni?«
»Jesus, Maria Franzel, wie kommst Du daher?« fragte die Leni erschrocken, und das Herz klopfte ihr dabei.

»Wie? Na, von unten herauf zu Dir!« erwiderte der Franz, »'s hat mich nimmer g'litten da unten ohne Dich, Leni; — da bin ich halt hergekommen, Dich zu sehen.«

»Das sollst Du aber nicht, Franzel«, sagte die Leni, »Du weißt ja doch, wir dürfen uns nimmer sehen, und ich komm' erst ins Tal hinunter, bis Du« weiter konnte sie nicht, denn frische Tränen erstickten ihre Stimme.

»Siehst Du, Du kannst es nicht aussprechen, das, was ich nicht tun mag«, sagte der Franz und nahm Leni bei der Hand. »Denn ich mag nur Dich und möchte nur Dich zum Weib haben!«

»Und Dein Vater?« erwiderte die Leni sanft, »Du weißt ja doch, dass ich ein armes Mädchen bin, das keinen Vater kennt, eine arme Magd. Der stolze Vogelbauer nimmt mich nie zur Schwiegertochter.«

Doch der Franz wollte keine Vernunft annehmen, er schlang seine Arme um Leni und küsste sie und meinte, dass nur sie sein ganzes Glück wäre.

Leni weinte still vor sich hin. »Weißt Du, Franzel«, sagte sie, »geh' jetzt nur schön hinunter, ich muss mir's erst überlegen. Mit meinem Leben möchte ich Dein Glück erkaufen. In drei Tagen komm' wieder, dann geh' ich Dir Deine Antwort.

Und der Franzel ging; es wurde ihm freilich schwer, aber er dachte sich: »In drei Tagen wird sie mein!« Leni blieb aber allein, ganz allein mit ihren schweren Gedanken, mit ihrem Weh und mit dem Kampf im Herzen. Sie kannte den Franz nur zu genau, so hatte er mit ihr gesprochen vor einigen Wochen, sie hatte ihm dieselbe Antwort gegeben, und ein paar Tage darauf war die Rosi Franzels Braut. »Er will nur meine Ehr', aber wirklich zum Weib nimmt er mich nicht«, sagte sich die Leni traurig — und dass sie so von ihm denken musste, das tat ihr eben gar weh.

Als die Sonne niedergegangen war und die Kühe zur Ruhe gingen, da machte sich Leni auf den Weg, sie ging auf einen hohen Felsen, dort, wo's recht wild und öd ist, da stand ein Marterkreuzerl, dort wollte Leni beten und Gott bitten, ihr den rechten Weg zu zeigen. Es war gerade Vollmond, prachtvoll beleuchtet war der Weg und da oben zwischen den Felsen war's gar still, regungslos schien die Natur. Leni kniete vor dem Kreuze nieder und betete laut zum lieben Gott. Sie klagte ihm ihr Leid und bat ihn, sie lieber sterben zu lassen, als etwas Unrechtes zu tun. Dann bat sie den lieben Gott, er möge den Franz mit allem Erdenglücke segnen, gern wolle sie ihr eigenes Glück dafür hergeben. Endlich wurde sie müde vor lauter Weinen und Beten, sie legte ihren Kopf auf den Stein, der da beim Marterkreuzerl lag, und schlief ein.

Wenn es auf der Alm eine Vollmondnacht gibt, so erwachen alle Berggeister, sie schlüpfen dann aus ihren tiefen Felsgrotten und aus den Bergen heraus auf die Erde und füllen sich ihre Lämpchen mit frischem Mondschein an. So eine Schar von Berggeistern kam zum Felsen, wo Leni eingeschlafen war und erblickten mit Staunen und Bewunderung das liebliche Mädchen, auf deren blassem Gesicht die Mondstrahlen spielten. Die Berggeister konnten sie nicht genug bewundern. Da kam der Gnomenkönig dazu. Als er Leni sah, verliebte er sich gleich so in sie, dass er gar nicht mehr fort konnte von der Stelle. »Seht«, sagte er zu seinen Brüdern, »sie hat geweint, sie hat noch Tränen in den Wimpern, die glitzern im Mondschein wie Diamanten. Das arme Kind hat gewiss einen großen Kummer. Fraget doch die Gräser, die müssen ihre Klagen ja gehört haben.«

Ein Edelweiß, das da blühte, sprach leise: »Sie hat ein großes Weh und möchte am liebsten sterben.« — »Kein Glück für Dich auf dieser Erde, armes Kind!« sprach der Gnomenkönig. »Da Du auf der Erde bei den bösen Menschen nicht glücklich werden kannst und sterben möchtest, und da ich Dich so schrecklich lieb habe, dass ich gar nicht mehr ohne Dich sein kann, so will ich Dich mit mir nehmen in mein Königreich.« Da nahm er ein Fläschchen aus seinem Wams und hielt es der Leni unter die Nase, so dass sie noch fester schlief. Die Zwerge machten eine kleine Bahre aus Krummholz, legten Leni darauf und trugen sie hinein in ihren kristallenen Felsenpalast.

Als Leni erwachte, glaubte sie gestorben und im Himmel zu sein. Sie lag auf weichen, seidenen Kissen und hatte ein langes, weißes Seidenkleid an und einen goldenen Gürtel mit funkelnden Edelsteinen besetzt; ihr langes Goldhaar war offen und umgab sie wie ein Mantel von Gold. Das Gemach war mit goldenen Lampen erhellt, große Steine funkelten an den Wänden und sprühten Feuer; vor ihr stand ein kleines Männchen mit langem Bart und sah sie liebevoll an. »Bist Du endlich erwacht?« fragte er sie, indem er sein Händchen auf die ihrige legte.

Leni richtete sich auf. »So bin ich also richtig gestorben!« rief sie aus. »Ist das der Himmel, bist Du der Herr Gott Vater? der soll ja einen so langen Bart haben.«

»Nein«, erwiderte der Gnom, »ich bin nicht Gott Vater, ich bin ein König und heiße Gurru.« »Mein Gott!« rief Leni aus, »was heißt denn das Alles, wo bin ich denn?«

»Liebes Kind!« sprach Gurru, »sei getrost, Du wirst mit der Zeit schon Alles erfahren, Du sollst es gut haben bei uns, denn wir haben Dich so herzlich lieb.«

Und nun kamen alle Gnomen herbei, um Leni zu begrüßen. Sie brachten ihr Armspangen, Goldgürtel und Ringe. Sie waren alle so lieb und gut zu ihr, dass Leni sich's nicht nehmen ließ, sie sei im Himmel. Anfangs ließen sie die Zwerge dabei. Als aber der König Gurru Leni immer lieber gewann und sie zu seiner Königin haben wollte, da meinten dann die Zwerge, er müsse ihr selbst die Wahrheit sagen. Außerdem verfiel Leni in eine große Traurigkeit, und als sie Gurru eines Tages fragte, warum sie denn gar so betrübt sei, antwortete sie: »Ich fange an zu glauben, dass ich nicht im Himmel bin und dass Du auch nicht der Herr Gott Vater bist, denn wenn Du der wärest, so müsstest Du doch wissen, wie ich beim Marterkreuzerl zu Dir gebetet habe, an dem Tag, als der Franz bei mir war. Ich weiß nicht, ob ich gestorben bin, nur das weiß ich, dass ich den Franz nicht vergessen kann und dass mich die Sehnsucht und der Schmerz um ihn ein zweites Mal umbringt.«

Und nun weinte die arme Leni, dass es Gurru dauerte. Er wischte ihr die Tränen von den Wangen und sprach mit seiner feinen, schwachen Stimme: »Höre, teure Leni, Du sollst nun die Wahrheit erfahren: Ich habe nur Dein Glück vor Augen und will Dir ein jedes Opfer bringen, das in meiner Macht liegt. Du bist gar nicht gestorben. Als Du den Abend am Felsen vor Müdigkeit und Weinen einschliefst, war es Vollmond, da halten die Berggeister ihren Rundgang um die Berge, und wo sie ein armes Menschenkind in Elend und Not finden, da helfen sie. Als ich Dich so im Mondschein liegen sah, entbrannte ich in großer Liebe zu Dir, ich wusste es, dass Du auf der Erde niemals glücklich werden könntest, und so nahm ich Dich hierher in mein Königreich. O liebe Leni, Du sollst die Königin aller Berggeister werden.«

»Das ist schauerlich!« rief Leni. »Also hast Du mich gestohlen! Und der arme Franz trauert und jammert um mich. Geh' fort, Du garstiger Zwerg, ich hasse Dich, ich will zurück auf die Erde.« Der gute König Gurru war nun sehr betrübt, er sprach aber gefasst zu Leni: »Gut, um Dir einen Beweis meiner großen Liebe zu geben, führe ich Dich heute noch auf die Erde, es ist gerade Vollmondnacht und einen Monat, seitdem Du hier bist. Du sollst Deinen Liebsten sehen und bei ihm bleiben, wenn Du willst. Aber Leni, Leni, mir wird das Herz brechen, denn Du bist ja das einzige Glück meiner armen Seele, da Deine Liebe mich unsterblich machen kann!« Und als die Nacht hereinbrach, führte Gurru die Leni auf den Berg. Sie kamen gerade an einem Felsen, der schroff über dem Gehöfte des Vogelbauers stand, heraus, so dass man gut hinab sehen konnte bei der hellen Mondbeleuchtung. Voll Sehnsucht und Freude stand Leni am Felsen, sie schaute hinunter auf das Gehöft. — Da tönten Geige und Flöte zu ihr herauf, Freudenrufe und Singen. »Vivat das Brautpaar!« riefen die Leute. Jetzt trat der Franz zur Tür heraus, er hielt die Rosi süß umschlungen. Nun wusste es Leni; er hatte sie vergessen, und so bald, so rasch. Sie weinte nicht und schrie nicht, sie streckte nur die Arme aus und sagte: »Lebewohl!« Zu Gurru aber sprach sie dann: »Nimm mich fort, fort von hier, dass ich nichts mehr von der Erde sehe!«

Leni war nun wieder im Gnomenreich. Sie gab endlich Gurrus Bitten nach und wurde seine Frau und so die vielgeliebte Königin der Berggeister. Leni bekam einen Sohn. Als dieser geboren war, sprach Gurru zu ihr: »Nun hast Du meiner Seele die Unsterblichkeit verliehen. Wenn ich einmal nach hundert Jahren sterbe, dann zieht mich Deine Liebe und unser Kind in das Reich der Unsterblichen, denn die Liebe macht selig.«

Noch ein schönes Töchterchen gebar die Leni, so zart und fein wie Gold und Elfenbein. Leni belehrte die Berggeister in allerlei nützlichen Dingen, sie erzählte ihnen vom lieben Gott und lehrte sie auch beten.

König Gurrus Reich war von Friede und Liebe erfüllt.

Gar manch' böses schlagendes Wetter hat Leni aus den Bergwerken verscheucht, viele Bergleute beschützt und warnende Stimmen in den Schächten ertönen lassen.

So lebte Leni lange Jahre bei den Berggeistern. Sie wurde nun alt und gebrechlich, und je mehr sie den Tod heranrücken fühlte, desto mehr sehnte sie sich noch einmal auf die Erde. Sie bat Gurru so lange, bis er es ihr endlich gewährte und eines Tages zu ihr sprach: »Heute ist schöner Vollmond, heute sollst Du noch einmal die Erde sehen; bevor wir aber fortgehen, so segne unsere Kinder und unser treues Volk.« Gurru war so traurig und ergriffen, dass ihm große Tränen in den Bart hinab rollten. Leni küsste ihre lieben Kinder, sie segnete sie und bat: »Bleibet gut und betet zu Gott, damit wir uns im Gottesreiche wieder finden.« Auch von den Berggeistern nahm sie rührenden Abschied.

Gurru führte Leni durch einen Berg, der dem Thale ganz nahe stand, heraus; er blieb am Berge, Leni aber schritt als gebücktes, altes Mütterchen, auf einen Stab gestützt, taleinwärts. Da kam sie an das Haus des Vogelbauers; sie fand viele Leute dort versammelt. »Was gibt's denn da?« fragte sie eine alte Bauersfrau. »Das weißt Du nicht?« erwiderte diese, »Du bist wohl fremd hier? Der Bauer Franz ist gestorben, er war freilich schon alt, bald achtzig Jahre. Sein Weib, die Rosel, ist voriges Jahr heimgegangen und jetzt stirbt er.« Leni fragte weiter: »Waren sie glücklich miteinander?« »O ja«, antwortete die Bäuerin, »der Franz war sonst ein braver Mann, nur das Geld hat er zu gern gehabt, die Rosel war eine Geldheirat, aber es ist gut gegangen. Der Franz hat in seiner Jugend, sagt man, ein armes Mädel gern gehabt, und da er es nicht heiraten mochte, hat es sich vom Berg herunter gestürzt!« Leni trat nun zum Sarge des Franz. Sa lag er, ein Greis mit weißen Locken. Sie blickte ihn an und sprach: »Jetzt gehen wir denselben Weg!« So kamen sie zum Friedhof. Als alle Leute fort waren, kniete Leni am Grabe nieder und sprach: »Ich bin fort aus lauter Lieb' zu Dir, jetzt komm' ich aber aus Lieb' zurück!«

Als Gurru um Mitternacht zum Friedhof kam, lag Leni tot am Grabe des Franz. Gurru nahm ihren Leichnam und trug ihn in eine Felsgrotte, wo er und seine Untertanen ihr ein schönes Denkmal setzten.

Kornblume und Mohnblume.

»Demut überwindet Hochmut.«

Papavera war sehr stolz, sie kannte sich gar nicht aus vor Hochmut. Sie dünkte sich die Beste, Schönste und Vollkommenste und blickte mit Geringschätzung auf die Menschen herab. Keine kam ihr gleich.

Fioretta, Papaveras Schwester, war gerade das Gegenteil; trotzdem sie viel schöner war als Papavera, war sie weder eitel noch stolz, sie war gut und freundlich mit Jedermann und Jedermann liebte sie. Papavera mochte aber Niemand. Fioretta war auch in ihrem Anzuge schlicht und einfach. Da sie des Himmels Blau so liebte, war sie stets blau gekleidet. Papavera hingegen ging im roten Purpurkleide stolz einher. Wenn Papavera spazieren ging, grüsste oder dankte sie Niemanden, sie blickte hoch in die Luft, um die gemeinen Leute nicht zu sehen. — Wenn jedoch Fioretta ausging, da gab's des Grüssens und Kopfnickens kein Ende, fröhliche Gesichter blickten sie an und freundlich lächelnd dankte sie.

»Wie Du Dich mit den Leuten gemein machst«, sprach Papavera zu Fioretta, »das Gesindel verdient Deine Herablassung nicht.«

»Nicht Herablassung ist es«, erwiderte Fioretta. »Liebe ist es. Ich liebe die Menschheit.«

»Ich könnte nur Meinesgleichen lieben«, sagte Papavera, »doch Keine ist mir gleich, außer Du, Schwester Fioretta, Dich liebe ich.« Die Liebe zur Schwester war auch der einzige weiche Fleck in Papaveras kaltem, stolzem Herzen.

Im Nachbarlande wohnte ein schöner, junger Prinz, Namens Coro, der wollte eine recht tugendhafte Frau haben. Sein Bruder Duro hingegen suchte die schönste und mächtigste Frau. Coro war der Thronerbe und Duro der zweite Sohn des Königs. Papavera kannte die beiden Prinzen und hatte es längst auf Coro abgesehen, denn sie wollte Königin werden. Coro verkleidete sich als armer Bettler und kam zum Palast der beiden Schwestern, um Almosen bittend.

Papavera ging im Purpurkleide stolz an ihm vorüber und rief den Dienern zu: »Werfet diesen schmutzigen Bettler hinaus!«

»Die nehm' ich nicht«, dachte Coro. Da kam Fioretta im blauen Kleide; sie trug eine Schale Suppe und ein Stück Brot und sprach: »Da iss, armer Mann, hier hast Du noch ein Paar Strümpfe, die hab' ich selbst gestrickt!«

Dankbar und mit wundersamem Blick schaute der Bettler auf die liebliche Fioretta, so dass diese errötete und bei sich dachte: »Nie habe ich solch liebes Augenpaar gesehen!« — Coro aber warf die Bettlerkleider ab und stand gar herrlich vor Fioretta, er warb um sie, sie heirateten und so wurde Fioretta Königin.

Papavera war zu stolz, um ihren Verdruss zu zeigen.

»Ein Mann, der sich als Bettler verkleidet, hätte doch nicht zu mir gepasst«, dachte sie.

Duro kam nun in prachtvollem Brautzug und warb um Papavera. Ihr Vater wünschte sehr, dass sie ihn heirate. Papavera aber stellte die Bedingung, dass ihr Fioretta alle Rechte auf des Vaters Reich abtrete und dass dieser sie zur Königin und Duro zum König des Reiches krönen lasse, dann wollte sie Duros Frau werden. Gerne taten dieses der alte König und die liebe Fioretta, — also wurde Papavera Königin.

Papavera und Duro regierten nun mit äußerster Strenge und Härte. Die Armen wurden unterdrückt, Elend und Not steigerten sich derart, dass das Volk sich endlich empörte und König Duro erschlug. Papavera entkam nur mit knapper Not, sie floh zu Fioretta. Von ihren Schätzen und Reichtümern konnte sie gar nichts mitnehmen, im Purpurkleide sank sie schluchzend in Fiorettas Arme und bat sie um Obdach.

Fioretta und Goro nahmen die Schwester liebevoll auf. In ihrem Reiche herrschten Friede und Gerechtigkeit, es war gar kein Armer im Lande, denn einem Jeden half Fioretta. Sie sagte, sie wünsche, dass Jeder täglich seine warme Suppe habe. Die Harmonie und Liebe um sie herum taten Papavera wohl, sie bewunderte ihre Schwester und mit geheimer Trauer blickte sie auf ihre zertrümmerte Herrlichkeit.

»Gute Schwester«, sprach Papavera zu Fioretta, »sieh', mein Purpurkleid ist so abgenützt und alt, gib mir ein neues Kleid.«

»Sehr gern«, sprach Fioretta, »doch lege den Purpur ab und trage schwarz, wie es sich für eine Witwe ziemt.«

»Ach nein«, bat Papavera, »ich war doch Königin, mir gebührt der Purpur.«

Fioretta setzte sich nun hin und nähte selbst das Purpurkleid. Bei jedem Stich betete sie zu Gott für die Schwester. »Lieber Gott, der Du Alles kannst, wandle das Herz der stolzen Papavera um, lass es gut werden!«

Als das Kleid fertig war, gefiel es Papavera sehr, es sah so frisch und rot aus. Sie legte es an, es stand ganz vorzüglich. Doch nach einer Weile sprach sie zu Fioretta: »Schwester, ich fühle mich nicht behaglich in dem Kleide, mache es weiter.

Und Fioretta erweiterte das Kleid. Wiederum nach einer Weile sagte Papavera »Das Kleid ist mir mit der langen Schleppe lästig, verkürze mir dieselbe, liebe Schwester.«

Und Fioretta schnitt ein Stück der Schleppe ab. »So, nun kann ich mit Dir zu Deinen Armen gehen«, sprach Papavera, und sie begleitete nun Fioretta auf all' ihren Wegen, worüber diese hocherfreut war. »Gott erhörte mein Gebet«, dachte sie.

Papavera ging nun auch allein aus, und als sie einmal ein armselig gekleidetes Kind sah, erbarmte sie sich so, dass sie ein Stück aus ihrem Purpurkleide herausschnitt und ihm ein Jäckchen davon machte, und so zerschnitt und zerteilte sie ihr Kleid schließlich ganz, es blieben nur noch einige Läppchen übrig. Sie legte sich zu Bette und rief Fioretta.

»Schwester«, sprach sie, »ich danke Dir, Du hast die harte Rinde des Hochmutes mir vom Herzen genommen. Ich habe nun kein Purpurkleid mehr, diese Läppchen nur blieben übrig. Ich werde jetzt sterben, bitte Gott um Barmherzigkeit für mich; die alten Purpurläppchen aber wirf zum Fenster hinaus.«

Draußen blühte das Korn in üppiger Pracht; Fioretta warf die Purpurläppchen hinein und siehe, da verwandelten sie sich in Mohnblumen.

Da wusste Fioretta, dass Gott ihrer Schwester Alles

verziehen habe.

Als Fioretta starb, war auch ihr blaues Kleid sehr fadenscheinig. Auch sie ließ die Läppchen hinauswerfen. Draußen stand das Korn in vollen Ähren und aus Fiorettas Kleide wuchsen die schönen blauen Kornblumen.

Mit der Mohnblume zugleich blüht die Kornblume um die Zeit der Ernte, wenn der arme Bauer die Frucht einbringt, zum Andenken an Fioretta, die so mildtätig war, zur Erinnerung an die Liebe der Schwester, welche den Hochmut in stille Demut verwandelte. — Immer sieht man die Schwestern zusammen inmitten wogender Kornfelder.

Leiden um Liebe.

Ein süßes, schönes Mägdelein hatte einmal einen jungen Mann recht lieb. Ihr Herz und ihre Seele waren voll von Liebe zu ihm; sein Auge war ihr Leben, sein Wort ihre Nahrung, in seinem Atem lebte sie — ohne ihn nichts als Tod und Sehnsuchtspein. Arme, kleine, schöne Una, Dein Geliebter war Dein Alles, denn wo er war, da war es herrlich, und wäre es im Kerker gewesen. Sie kannte nur ein Wort und das war Hubert, sein Name. Wie voll Zauber schienen ihr diese zwei teuren Namenssilben.

Und weil sie ihn gar so sehr liebte, so wurde er ihr genommen.

Hubert verließ die arme, kleine, schöne Una eines Tages, er stieß sie fort von sich, sie hatte ihr Alles verloren, sie waren getrennt auf immer. Unendliches Weh und Leid kam über die arme, verlassene Una. Sie dachte wohl, das

Herz müsste ihr brechen, und es war wohl auch gebrochen und geknickt und sie lebte doch. In fortwährender Sehnsucht nach dem Geliebten verzehrte sich ihr Leben, ihre Kraft war dahin, und doch kam nie ein hartes Wort über ihn von ihren Lippen. Er hatte sie ja geliebt — einst, — damals war seine Empfindung treu und wahr

Und so lebte sie im Traum vom Einstigen und konnte Gott, da nun Hubert fort war, nur noch um den Tod bitten. Nun, der Tod ist bisweilen recht gefällig und freundlich, er kam in schöner Engelsgestalt zu Una eines Nachts, als sie tränenvoll im Bette lag, er blickte mitleidig auf das arme, wunde, zuckende Herz, er blies ihr das Lebenslicht aus und Una war tot. War sie aber von ihrem Leid erlöst? O nein, denn als Una vom Tode erwachte, da erwachte auch das alte Leid mit ihr und es war jetzt gerade so wie früher.

»Hubert, Hubert!« flüsterte der matte Geist. — »Armes Kind«, sprach der Engel der Liebe zu ihr, »sieh', Deine Liebe und Dein Leid sterben nicht, sie leben mit Dir. Ewig, ewig ist die Liebe. Aber es gibt ein Reich, wo man von Liebesleid geneset, nur muss man alle Lieb' vergessen. Komm' mit mir!

Und Una folgte dem Engel, sie war des Leides müde und betete: »Vergessen, vergessen, tot sein und nichts mehr wissen!« Sie kamen in ein Reich, das ihr gar herrlich schien. Wälder, Seen, Blumen und Vögel aller Arten waren dort zu sehen und gar fröhliche, heitere Menschen tummelten sich herum, sie sangen und lachten und schienen Jeder für sich gar vergnügt. Ein frischer Quell sprudelte aus einem Felsen. Da sprach der Engel zu Una: »Da trink von diesem Wasser, das ist der Quell des Vergessens; wenn Du davon trinkst, wirst Du Hubert ganz vergessen, es wird Dir sein, als ob Du ihn nie gekannt hättest, Du wirst vom Liebesleid genesen und Dein Herz keine

Liebe mehr fühlen.«

»Wie?« rief Una entsetzt aus, »ich soll ihn und seine Liebe vergessen?« »Nun ja«, sprach der Engel, »Dein Seingedenken, Deine Liebe ist ja die Quelle Deines Leides.« — »O, dann will ich lieber leiden, ewig nur Seiner nicht vergessen, die Erinnerung ist so süß, nein, Du guter Engel, nein, ich trinke nicht aus diesem Brunnen, ich hänge fest an der Erinnerung, und wenn Leiden der Preis der Liebe ist, nun, so will ich leiden, so lange es Gott gefällt.«

Da lächelte der Engel gar selig. »Siehst Du«, sagte er, »so ist's recht, nun hast Du Gottergebung gelernt. So lange es Gott gefällt, zu der Erkenntnis solltest Du kommen. Jetzt besieh' Dir einmal die Laubbäume und Blumen hier genau, Du bist im Reiche der Selbstliebe und der Egoisten. Siehst Du, wie sie sich hier Alle selbst lieben, wie Jeder für sich ist. Sieh', in jedem Blumenkelche sitzt eine Raupe, jene Frucht, die so schön erscheint, ist madig, die Blätter und Blüten sind ohne Duft. Kein Säuseln in den Lüften; es scheint nur Alles so schön und ist doch tot und kalt — ohne Liebe.«

»Ach, fort, fort aus diesem Reich«, rief Una aus, »und sei es an einen Ort der Qual, ich will lieben, und sei es mit tausend Leiden!« Und der Engel nahm Una bei der Hand und führte sie durch das Sternenmeer hindurch zur Erde, dem Ort des Leides, zurück. Sie traten in ein Gemach, da lag ein Mann im Sterben — es war Hubert. Er rief laut Unas Namen. »O Una!« sagte er, »Du Geliebte, Du reines Wesen, ach verzeihe, dass ich von Dir ging, eine böse Macht, ein Irrwalm trieb mich fort von Dir. Ach, Dir ist wohl das Herz gebrochen, Una, Una!« Reuevoll lag er nun da und im Todeskampf überkam ihn die alte Liebe, sehnsuchtsvoll streckte er die Arme nach ihr aus. Da beugte sich Una über ihn, sie legte ihre Hand ihm auf das Herz und sprach: »Hubert, komm', lass uns selig sein!«

Das war der Preis der treuen Liebe, und selig schwebten sie auf zu Gott.

Edelweiß.

> Ich wachse im Himmel
> und heiße Entsagung.

Bewulf war ein wackerer Jäger, kühn und verwegen, ohne Furcht und Beben. Er hatte der Hirsche und Eber schon viele erlegt, besonders gern aber stieg er auf hoher Alp den flinken Gämsen nach.

Da war es einmal, als er wieder in den Felsklüften und Felswänden, einer Gämse nachjagend, herumkletterte, dass er sich auf einem Felsenriss verstieg, der spitz zulief und von allen Seiten so zerklüftet war, dass Bewulf keinen Abstieg sah. Er starrte in die grausige Tiefe und wusste sich keinen Rat. — Da auf einmal stand die Bergriesin vor ihm mit ihrer Armbrust.

»Hab ich Dich endlich gefangen, Du tollkühner Geselle«, lachte sie höhnisch. »Nun wirst Du mir meine lieben Gämsen nicht mehr erjagen«, und sie schoss mit der Armbrust auf Bewulf. In den Felsen dröhnte und krachte es, das war das Lachen der Riesin. — Bewusstlos sank Bewulf nieder.

Als er endlich die Augen aufschlug, lag er auf einer schonen, grünen Wiese und ein wunderbar schönes Weib kniete vor ihm und wusch ihm die Wunde, denn der Riesin

Pfeil hatte ihn getroffen. Liebevoll lächelnd blickte ihn das holde Weib an. »Sieh', nun wirst Du nicht sterben«, sprach sie, »aber Du gehörst mir. Meine Urgrossmutter, die Unholdin, wollte Dich töten, ich aber hatte Dich unsichtbar in meinen Schleier gehüllt, sonst hätte der Pfeil Dich durchbohrt. Nun bist Du mein, schöner Erdensohn!«

Bewulf sah das wunderholde Weib an und sprach: »Dein zu sein, — welche Wonne, Du Himmelsgestalt, gern bleibe ich ewig bei Dir. Doch sprich, wer bist Du denn, Du Mächtige, Du Schöne?«

»Ich bin eine Berggöttin, eine Holde«, sprach das Weib, »und heiße Holde. Sieh', ich kann mich unsichtbar machen.«

Und plötzlich verschwand sie. Da erfasste Bewulf unendliches Sehnen und Verlangen nach ihr. »Holde, Holde!« rief er, »erscheine oder ich sterbe vor Sehnsucht nach Dir!«

Und strahlend stand Holde wieder neben ihm. »Bewulf«, sprach sie, »sieh', ich liebe Dich schon lange; lange schon umschwebe ich Dich auf Deinen Gängen durch die Alpen, doch nur um Dir das Leben zu retten, durfte ich mich Dir sichtbar machen. Besitzen durfte ich Dich nur dann, wenn Dich der Pfeil der unholden Riesin traf. Dein Leben gehört nun mir. — Deine Wunde ist geheilt, ich könnte Dich bei mir behalten, denn unsichtbare Fesseln binden Dich an mich, und doch geb' ich Dich frei«, sagte sie traurig. »Geh', geh' von mir und lass mich allein!«

»Ich kann nicht fort von Dir!« rief Bewulf aus und schloss sie in seine Arme. »Wenn ich Dein bin, so will ich es bleiben. O Holde, verstoße mich nicht, verlasse mich nicht, ohne Deine Liebe kann ich nicht leben!«

»Das glaubst Du nur jetzt«, sagte Holde, »aber Du bist ein Menschensohn, wankelmütig in der Liebe. Ich aber bin eine Göttin und treu.«

»Ich schwöre Dir Treue, Du göttliche Holde!« rief Bewulf aus, »zu meinem Weibe will ich Dich haben. Zeige mir Deine treue Liebe und folge mir hinab ins Tal, in meine Hütte.«

»Das kann nicht sein«, erwiderte Holde traurig. »Ich habe keine Menschenseele, nur Deine Treue kann mir die Unsterblichkeit verleihen. Bist Du mir untreu, so muss ich sterben, wie der Schaum des Meeres.«

»Ich bleibe Dir treu, ich schwöre es bei Gott«, sagte Bewulf. »Bist Du mir einmal durch einen Priester angetraut, so kann uns nichts mehr scheiden, denn Mann und Weib sind eins vor Gott und ich teile meine Unsterblichkeit mit Dir. O, was wäre mir die Ewigkeit ohne Dich, schöne Holde!«

Sinnend blickte ihn Holde an. »Wer Euch Menschensöhnen nur glauben könnte, doch gut, ich will es wagen. Ich gebe Freiheit, Elfenleben, Ungezwungenheit, Zauberwesen und Kraft, Alles für Dich hin, mein Geliebter, die Liebe soll mich unsterblich machen. Ja, ich folge Dir ins Tal und werde Dein Weib. Aber vorerst komme mit mir in meine Berghalle zu meinen Schwestern, ich muss von allen Abschied nehmen.«

»Mein Weib, mein Weib!« jubelte Bewulf und küsste sie vielmal.

Holde nahm Bewulf bei der Hand und führte ihn an einen riesigen Felsen, der sich auf ihr Geheiß öffnete. Da traten sie in eine herrliche Halle ein, die Wände blitzten von Gold und Edelsteinen, Gewächse und Blumen aller Art wuchsen im Berge, die ganze Halle war von Irrlichtern beleuchtet, Gnomen trugen goldene Trinkgefässe und Schüsseln herbei, und Holdes Schwestern, die lieblichen Bergelfen, guckten scheu nach Bewulf um, denn einen Menschensohn hatten sie noch nie gesehen. Nun begrüßte sie Bewulf, die Gnomen füllten die Trinkschalen, und Bewulf aß und trank an Holdes Seite, dann brachten ihm die Elfen Purpur und Seidengewand. Er lehnte behaglich im frischen Moos, umgeben von Blumen, und die Elfen tanzten den Schleier- und Irrlichtertanz gar lieblich. Nun brachte ihm ein Gnom ein goldenes Schild und einen Speer. — »Auf zur Jagd, Geliebter!« rief Holde. »Sieh', ich besitze in den Bergen Alles, was auf der Erde ist, nun sollst Du den Weißen Hirsch sehen.«

Da erweiterte sieh der Berg, sie standen im herrlichsten Eichenwald. Ein flinkes Rösslein mit goldenen Flügeln stand bereit, darauf schwangen sich Holde und Bewulf.

Haliho! ertönte es aus den goldenen Jagdhörnern der Gnomen und die wilde Jagd begann. Da sah Bewulf den weißen Hirsch mit dem Kreuz im Geweih, den die Menschen immer suchen, und den Goldeber, Glücksschwein genannt, dem sie nachjagen, und die Gämse mit dem Glücksstern.

Bewulf gefiel es so wohl in Holdes Halle, dass er sein Tal und seine armselige Hütte ganz vergaß. In den Armen der Geliebten wollte er so bleiben ewig. Je behaglicher es ihm war, desto trauriger aber wurde Holde.

»Was fehlt Dir nur, Geliebte?« sprach Bewulf zu Holde. »Du bist nimmer so froh. Liebe ich Dich doch so sehr!«

»Ja, aber die Liebe muss erprobt, muss unsterblich werden«, sprach Holde. »Hier wird sie nicht unsterblich, nur auf Erden kann sie es werden. Wir müssen dies Alles verlassen und in das Tal ziehen. Alles verlieren, um Alles zu gewinnen«, setzte sie leise hinzu.

»Du hast Recht, Geliebte«, sprach Bewulf. — »Komm', werde mein Erdenweib. Überall, wo Du bist, ist ja Glückseligkeit.«

Und so schieden sie aus der goldenen Halle Holdes. Sie nahm zärtlichen Abschied von den Schwestern, die sie eigentlich etwas beneideten, dass sie nun unsterblich werden sollte. Nichts nahm Holde von all ihren Schätzen mit, als einen Ring mit dem Diamantstein.

Bewulf und Holde kamen ins Tal, dort fanden sie ihre Hütte mit Blumen geschmückt, Speise und Trank standen schon auf dem Tische. Das Alles hatten die guten Gnomen für Holde, die sie so innig liebten, vorbereitet.

Nun gingen Beide zum Priester, der traute sie, und als er Holde den Goldreif an den Finger steckte und den Segen sprach, da flog ein überglückliches Lächeln über Holdes Antlitz und von Sonnenglanz schien sie umgeben.

So lebten Bewulf und Holde drei Jahre und waren glücklich. Anfangs betrachteten die Leute Holde etwas scheu, sie war gar so schön und nicht ihresgleichen. Das merkten sie wohl; doch, da sie gut und milde war, die Kranken pflegte, den Armen half, liebten sie Alle.

Sie hatte nur eine böse Feindin, das war Ruppa, die Tochter des reichen Adlerwirtes, die hatte Bewulf immer geliebt und er war ihr auch zugeneigt bis zu dem Tage, als er verschwand und mit der schönen Frau heimkam.

»Da muss ein Geheimnis dahinter sein und das will ich wissen«, sprach Ruppa. Sie umarmte nun Bewulf mit allerhand Liebenswürdigkeiten, dann reizte sie ihn oft und ärgerte ihn und behauptete, dass seine Frau anderer Art wie sie Alle sei, sie menge sich nie in Frohsinn und Tanz, nur in der Kirche sehe man sie und da singe sie nie mit. Dies verdross Bewulf; er ging zu Holde und sprach: »Holde, liebst Du mich?« — »O, gar sehr!« sagte Holde freudig. »Nun kommst Du mit mir zum Tanze heute, Du musst sein wie andere Weiber, Du musst auch tanzen.«

Holde erschrak; sie beschwor Bewulf, davon abzustehen, doch er blieb fest dabei. Sie gingen in das Wirtshaus, die Musik spielte frisch und munter, die Burschen und Mädchen drehten sich froh im Kreise. Scharf beobachtete

Ruppa die Holde. Bewulf legte seinen Arm um ihre Hüften und es ging anfangs ganz gut. Plötzlich aber riss sich Holde los von Bewulf, die Elfennatur bemächtigte sich ihrer und sie begann den Elfenreigen. Entsetzt sah sie Bewulf an, trotzdem sie so wunderhold dabei war; es war nichts Menschliches.

»Das ist ein Hexentanz!« schrie Ruppa, kam mit dem Weihkessel und bespritzte Holde, die nun ruhig war. »Eine Hexe!« riefen die Bauern entsetzt und stoben auseinander.

Von dem Tage an war für Holde kein Bleiben mehr im Dorfe. Alle flohen sie und Bewulf scheute sich, mit ihr auszugehen. Ruppa gewann immer mehr Einfluss über ihn.

»Bewulf«, sprach Holde, »komm' lass uns fortgehen von hier; heute Nacht gib mir drei Stunden frei, denn ich gehe zu meinen Schwestern, um Abschied zu nehmen.«

»Geh'«, sprach Bewulf, »bring' mir aber den goldenen Schild und den Speer mit.«

Als es Abend wurde, ging Holde traurig des Weges zum Felsen. Sie klopfte mit dem Diamantring an, der Fels öffnete sich und sie war wieder in der Heimat. Sie hätte nun hier bleiben können, ihre Schwestern baten sie darum, Bewulf zu verlassen, noch ehe er ihr die Treue gebrochen. Doch sie sprach: »Nein, ich will Alles verlieren, um Alles zu gewinnen.« Sie nahm einen Sack voll Goldes mit, den goldenen Schild und den Speer; sich selbst schmückte sie mit Blumen. So kam sie nachts zu Hause an, sie rief nach dem Geliebten, doch er war nicht da. Bange Ahnung erfasste Holde, sie eilte durch Nacht und Nebel hin zum Wirtshaus. Zum Fensterchen blickte sie hinein, da sah sie Bewulf bei Ruppa, er küsste sie und diese sprach: »Wusste ich es ja, dass sie eine Unholdin sei; eure Trauung gilt nichts, ihr Name wird ausgewischt aus dem Kirchenbuche, nimm Dir ein christliches Weib.«

»Bewulf, Bewulf!« rief Holde. Erschrocken fuhr Bewulf auf, nur er hatte den Ruf gehört. Er eilte in seine Hütte. Dort lag der goldene Schild, der Speer und das Gold auf dem Tische — Holde aber war fort.

Wieder stand sie vor ihrem Felsen, doch er tat sich nicht mehr auf. »Er hat die Treue gebrochen«, sangen die Elfen durch die Felsspalten. Es klang wie Nordwind, so rau und kalt: »Du bist nun nicht mehr zaubermächtig.«

Drei Tage hatte Holde noch zu leben, dann musste sie vergehen, vor Liebe und Leid sterben. Am dritten Tage, als die Sonne sank, hörte sie im Tale Glocken läuten, — das waren Hochzeitsglocken für Bewulf und Ruppa. Auch die Musik scholl herauf und Holde sah das Alles wie im Traume.

»Räche Dich an dem Treulosen«, rief ihr die Unholdin zu. »Nimm ihm sein Leben, dann gehört es Dein zum zweiten Male, dann bist Du unsterblich. Hier nimm' meine Armbrust, ziele gut!

»Nein!« sprach Holde. »Ich musste Alles verlieren, um Alles zu gewinnen. Ich habe seine Liebe besessen, um deretwillen ich ihm vergebe. War ich doch nicht von seiner Art und er hat mich so sehr geliebt!«

Da sank sie hin, die letzten Sonnenstrahlen nahmen ihre Seele auf, ein Engel stand dabei und sprach zu ihrer Seele: »Du hast Alles hergegeben, nun sollst Du Alles haben — Du bist ein unsterblicher Geist! Der Engel setzte Holde eine Krone von Edelweiß auf die goldigen Locken, da fielen einige der weißen Blumensterne auf die Erde herab, und so kommt es, dass das Edelweiß auf hoher Alpe wächst, dort wo die Felsen zum Himmel ragen. Bis dahin war das Edelweiß eine himmlische Blume gewesen, ein Stern auf den Himmelswiesen, aber seitdem blüht es auch auf Erden in den höchsten Alpenregionen.

Der verirrte Engel.

Die Engel haben bekannter Weise Flügel, womit sie gar herrlich fliegen. Die Flügelchen sind himmelblau, goldig oder rosig, und sie fliegen damit herum, dass es eine wahre Freude ist. Allem in dieser Welt ist eine Grenze gesetzt, nur Gott kennt keine Grenzen. Er ist allüberall, allmächtig. — Den Engeln, besonders den kleinen, sind nun auch Grenzen gesetzt, wie weit und wohin sie fliegen dürfen.

Ein Engel besonders hatte seine ganze Freude am Fliegen, er spannte seine Flügel weit, weit aus und flog fort ins blaue Äthermeer, so weit, bis er in seinem wonnigen Frohsinn die Grenzen überschritt, sich im All verirrte und auf die Erde kam.

»Hier gibt's keine Flügel«, sprach der liebe Gott zum ungehorsamen Engel, »sieh', nun bist Du hier und musst jetzt ein Erdenkind werden.«

Die kleine Emilie war ein gar liebliches Kind, aus den blauen, treuen Augen guckte ihr ein Stück Himmel heraus. Immer heiter, guter Laune, hüpfend und springend, singend den ganzen Tag. Hie und da hatte sie wohl ihre stillen Stunden; wenn sie so allein da saß, nachdenklich die Augen zum Himmel gerichtet, da erschien ihr das Leben um sie herum so sonderbar. — »Was wird nur aus dem Kinde werden?« fragte die Mutter, »es ist ein eigen Kind, so schelmisch froh und mitunter diese Melancholie.« »Ei was«, sagte der Vater, »dem Kinde fehlt gar nichts, es ist eine Künstlernatur, es wird was Großes aus ihm.«

Einmal als Emilie zehn Jahre alt war, führten sie ihre Eltern in den Circus. Das Kind war entzückt über die Reiter und Pferde. »Das werde ich«, sprach die kleine Emilie mit kleiner, geballter Faust, »reiten, fliegen will ich, so rasch wie ein Vogel.« Und richtig, sie wurde eine Kunstreiterin. Sie ritt wie Keine ihresgleichen, auf ihrem Rosse flog sie dahin, mutig lächelnd; ihre zarte Gestalt, ihre kleinen Hände, ihre treuen, blauen Augen, Alles das, vom arabischen Rosse getragen, flog wie ein Pfeil über Hecken und Hindernisse aller Art. Und Emilie blieb ein Engel auch im Kunstreiterkleid, gut und lieb für Alle, immer froh und vergnügt. Und wenn man sie fragte: »Hast Du denn keine Angst vor dem Fallen?« so sagte sie: »O nein, ich bin's gewohnt, ich möchte so die Welt durchfliegen.« — Den Übermut hatte sie vom Himmel auf die Erde gebracht, und derselbe Übermut sollte sie von der Erde zurück in den Himmel führen.

Sie fand eines Tages ihr Pferd nicht gelenkig und gehorsam genug, sie wollte über ein Hindernis setzen, das Tier sträubte sich, sie gab ihm Sporn und Peitsche, das Pferd bäumte sich, warf seine schöne Reiterin ab und Emilie war von der Erde zurück in ihre Heimat geflogen. — Nun wollen wir aber hoffen, dass sie ihre Flügel nicht mehr vorwitzig gebrauche und sich im Paradiese des Fliegens erfreue. —

Und es war ein großes Begräbnis auf Erden, Blumen und Kränze deckten den Sarg, alles war voll Rosen und Myrthen, es wurden ihr dankbare Tränen nachgeweint, denn die Kunstreiterin stand in hohen Ehren, — aus ihren Augen hatte stets der kleine schelmische Engel gesprochen.

Die Passionsblume.

> Für die Menschheit gelitten und gestritten, — die Menschheit erlöst.

Als unser Heiland am Ölberge litt und zu Gott betete: »Herr, wenn es möglich ist, so nimm diesen Kelch von mir!« da wuchsen an der Stelle, wo er gekniet, Passionsblumen mit dem Symbole seiner Leiden.

Niemand hatte noch in Europa die Blume gesehen — nur am Ölberge im heiligen Lande spross sie zum Andenken an die Leiden des Erlösers.

Es war zur Zeit der Kreuzzüge. Tapfere Ritter zogen aus, das heilige Land aus den Händen der Türken zu befreien, sie wollten streiten für das Kreuz. Auch Ritter Oluf brach auf ins heilige Land. Er verließ sein junges Weib und seine schöne Burg und wollte kämpfen für das Kreuz.

Frau Gertrudis, Olufs Weib, hatte eine zahme, fein abgerichtete Taube, welche Botschaften hin und her tragen konnte, die gab sie ihm mit und sprach: »Teurer Mann, sende mir die Taube als frohe Botin Deiner Heimkehr.« Oluf versprach es. Die Ritter zogen ab und die Ritterfrauen blieben allein zurück, Burg und Hof zu hüten.

Viele Monden waren schon um, noch kam das Täubchen nicht, Frau Gertrudis hatte keine Nachricht von Oluf. Sehnsuchtsvoll stand sie oft am Söller der Burg und schaute auf die Strasse unten hinab — nichts.

Es war im Mai, der Buchen und Eichen frisches Grün erglänzte im Sonnenschein, die Nachtigall schmetterte ihr Liedchen und friedlich säuselten die Lüfte. Frau Gertrudis stand wieder am Söller mit tränenschwerem Auge. »Oluf!« rief sie, »Oluf! schickst Du keine Kunde?«

Da vernahm sie den Flügelschlag einer Taube dicht an ihrem Ohr und eine gar seltsame Blume fiel ihr zu Füßen.

»Mein Täublein, Du bist's«, rief Frau Gertrudis aus und, die Blume betrachtend, fiel es ihr ein, dass die Staubfäden wie Nägel aussähen, auch ein Kreuz war in der Mitte. — »Gelitten, gestritten und auferstanden!« klang es ihr im Ohre, die Taube schlug freudig mit den Flügeln.

Da hörte sie Rosshufe, Trompetenschall und den Sang eines heiligen Liedes; sie rannte die Burg hinab: »Oluf, ist er tot?« fragte sie beklommen.

»Nicht tot«, erwiderte Oluf selbst, der auf einer Tragbahre lag, »aber an Wunden krank, teures Weib, die Du heilen sollst. Hast Du nicht die Leidensblume erhalten? Sieh', ich hab' für das heilige Grab gestritten, gelitten — der Heiland hat mich gerettet!«

»Auferstanden! heißt die Blume«, rief Gertrudis aus und umarmte Oluf.

So kam die Passionsblume durch die Kreuzzüge nach Europa.

Der Großvater und sein Enkelkind.

Es war einmal ein Großvater, der hatte ein Enkelkind, welches er über Alles liebte. Ja, die kleine Ella war ihm teurer als seine eigenen Kinder; das Kind war aber auch Liebreiz und Güte selbst, und so klug für ihr Alter — die kleine Ella war erst drei Jahre alt — dass die Leute meinten, sie könne nicht alt werden.

Leider kam es auch so. Das muntere, liebe Kindlein fing zu kränkeln an, der Großvater trug es auf beiden Armen herum, er pflegte Ella Tag und Nacht und erzählte ihr schöne Geschichten von den Engelchen, die Ella so liebte. Ella blickte den Großvater dabei mit den klugen Augen an und sagte »Großvater, ich möchte ein Engel sein und mit auffliegen zum lieben Gott.« Dem armen Großvater war es dabei recht bang und weh im Herzen.

Es kam der Christabend. Ella war schwächer geworden, ihr Leben schien zu schwinden. Still lag sie im Bettchen und betrachtete den Großvater, wie er die vielen Lichter am geputzten Christbaum anzündete; auf der Spitze des Baumes befand sich ein großer goldener Stern.

Plötzlich erfasste Ella des Großvaters Hand und flüsterte: »Großvater, hörst Du die Englein singen? Sieh', da kommt der Christnachtsengel, er nimmt mich mit. Großvater, weine nicht!« Sie sank zurück in die Kissen, ein seliges Lächeln spielte um ihr Mündchen, sie war bei den Engeln, der alte Großvater war allein.

Nun grämte sich der alte Mann gar sehr. Er gönnte der kleinen Ella die Seligkeit bei den Engeln nicht, er hätte sie gern bei sich auf Erden gehabt. Immer rief er ihren Namen, weinte und klagte Tag und Nacht, dass es ein rechter Jammer war.

Als im Frühling die Blumen aus der Erde krochen, da pflückte er die ersten Knospen und legte sie auf Ellas Grab. Er brachte täglich Tannenzweige und Blumen, später auch Obst und rote Beeren auf das Grab und schmückte es schön; da saß er dann und weinte und fand keinen Trost, sein Schmerz steigerte sich, je näher der Christabend heranrückte.

»Meine einzige Freude hat mir Gott genommen«, so klagte der alte Mann. Der Großvater hatte ein Christbäumchen schön geputzt, Lichter daran gesteckt und wanderte damit zum Grabe seines Enkelchens; es sollte doch ein Christbäumchen haben, so dachte er. Er steckte die Lichter an, und als sie hell, hell brannten, da seufzte er: »Ella, mein Kind!« Und wie er aufs schneebedeckte Grab blickte, siehe, da saß die kleine Ella mit traurigem Gesichtchen, in schwarzem Florkleidchen und hatte zwei schwarze Flügelchen. Der alte Mann erschrak. »Ella, bist denn Du kein helles, frohes Engelchen?« fragte er.

»Wie sollte ich das sein?« sprach Ella traurig, »Dein Klagen hält mich ja am Grabe fest, wie sollte ich selig sein, wenn Du so bitter weinst? Die anderen Engel feiern im Himmel Christabend, mich aber bindet Dein Christbaum an die Erde, die anderen Engel schweben daher im Lichtgewand mit Goldflügelein, ich aber habe Trauer um Dein Leid, Deine Tränen binden mich an das Grab.«

Da kam ein Windstoss, die Lichter erloschen alle und Ella war fort. — Still in sich versunken ging nun der alte Mann nach Hause. »Ella, Du sollst selig sein!« sprach er und von dem Tage an ging er nicht mehr an das Grab. Er klagte auch nicht mehr, seine Tränen waren versiegt, er hatte endlich Gottergebung gefunden. Und als wiederum Weihnachten kam, da lag er still in seiner Kammer und betete.

Siehe, da kam der Friedensengel, Tod genannt, der schloss ihm sanft die Augen, und selig führte ihn ein heller, seliger, kleiner Engel ein ins Paradies, wo es keine Trennung mehr gibt.

Die Seerose.

> Die treue Liebe ist die größte Zauberkraft.

»Scheltet nicht die Menschen«, sprach Blanka, eine Wassernixe, zu ihren Schwestern, »ich liebe sie.«
Ja, sie liebte die Menschen, das heißt: Einen liebte sie und das war Gilbrecht, der kühne Fischer. Wenn er zum Fischfang über den See fuhr, folgte ihm Blanka unsichtbar und gar oft beschützte sie ihn vor Gefahren.

Er aber ahnte nichts von der Liebe der schönen Nixe. — In der Walpurgisnacht können sich die Geisterwesen alle sichtbar machen. — Gerade in der Walpurgisnacht wollte Gilbrecht fischen gehen.

»Thu's nicht«, bat ihn seine Verlobte, die holdselige Edeltraut, »thu's nicht, Geliebter! Geister gehen in dieser Nacht herum, bleib' zu Haus, die Nacht ist bös!«

»Gerade da gibt's guten Fischfang«, meinte hierauf Gilbrecht, »wir brauchen Geld zum Hochzeitsschmaus.«

»Nixen gibt's im See!« warnte Edeltraut, »die sind gar schön und verführerisch, o Gilbrecht, bleib' daheim!« flehte sie.

»Hab' ich denn nicht Deine Liebe, süß Edeltraut, die mich vor Nixenliebe schützt? Dein Ringlein an meiner Hand ist ein sicheres Pfand.«

Da Gilbrecht von seinem Vorhaben nicht abstehen wollte — denn Männer sind eigensinnig — so hing ihm Edeltraut eine geweihte Medaille mit dem Bilde der heiligen Jungfrau um den Hals, sie küßten sich und er schied.

Der Abend war dunkel aber still, kein Lüftchen regte sich. Gilbrecht fuhr mitten in den See, wo das Wasser am tiefsten war, nächst einer Insel, die mit einem Kirchlein wie ein Juwel im See stand.

Schon hatte ihn Blanka erspäht und ihr Nixenherz freute sich, denn heute sollte er sie sehen und singen hören. — Ein wundersamer Gesang ertönte über das stille Wasser, so weich, so süß. Gilbrecht blickte auf und da sah er die schöne Nixe mit langem blondem Haar, wie sie sich auf den Wellen schaukelte. Sein Herz pochte laut, denn er war ein Mann und die Männer freuen sich, ein so herrliches Weib zu sehen.

»Kehre um, Gilbrecht«, sang die Nixe, »es droht ein böses Wetter.«

Doch Gilbrecht stand still im Kahn, gebannt durch den Anblick der Nixe. »Schöne Nixe«, sprach er, »Furcht kenne ich nicht, bist ja Du bei mir.«

»Schöner Jüngling«, erwiderte die Nixe, »ich liebe Dich so heiß, komm', hole mich in Deinen Kahn.«

Gilbrecht ruderte kräftig der Nixe zu, doch konnte er sie nicht erreichen, denn in neckischem Spiel tauchte sie stets unter, wenn er sie schon zu fassen meinte. »Halt ein, schöne Wasserfee«, rief Gilbrecht ihr zu, »ich will Dich küssen und herzen.«

»Wirf mir Dein Ringlein zu«, sprach die Nixe, »und Du sollst mich küssen.«

»Das Ringlein kann ich Dir nicht geben«, erwiderte Gilbrecht, »es ist von meiner süßen Braut.«

»So gib mir doch die geweihte Medaille von Deinem Halse«, bat die Nixe, »dann sollst Du mich herzen.«

»Die Medaille kann ich Dir nicht geben«, sagte Gilbrecht, »sie ist von hold Edeltraut.«

»So schwimm mir selbst nach samt Ringlein und Medaille, wenn Du kühn bist!« rief Blanka erzürnt.

Da sprang Gilbrecht in den See und schwamm der Nixe nach. Den leeren Kahn trieben die Wellen schaukelnd der Insel zu. Ein böses Wetter erhob sich, die Windsbraut lief über den See, Gilbrecht kämpfte mit den Wellen, vor ihm schwamm und sang Blanka, da — da hatte er sie beim langen, blonden Haar erfasst, er hielt sie fest, fester aber noch hielt sie ihn, — sie sanken in die Tiefe.

Edeltraut stand die ganze Nacht am Ufer und spähte nach Gilbrecht. Als das böse Wetter sich erhob, betete sie laut für den Geliebten. Und als am Morgen Fischer den leeren Kahn brachten, da weinte sie unaufhörlich. »Die Nixen haben ihn genommen«, rief sie, »ich gehe ihn holen.« Und sie setzte sich in Gilbrechts Schifflein und ruderte in den See hinaus.

Gilbrecht aber lag im Kristallpalast der Nixen tief unten im See, tot und kalt. Blanka mochte tun, was sie wollte, sie konnte ihm kein Leben geben; das Ringlein konnte sie ihm nicht vom Finger nehmen und die geweihte Medaille klebte fest an seiner Brust.

»Ich habe ihn nun«, jammerte Blanka, »doch er ist kalt und tot, seine Augen sind zu, der Mund ist geschlossen und er kann nicht küssen, ich höre seine liebe Stimme nicht. Ach, gern möchte ich auf ihn verzichten, wüsste ich ihn lebend.« Und die Nixe weinte bitterlich.

Derweil fuhr Edeltraut über den See, still und stumm, mit spähendem Blick in die Tiefe schauend. Als sie der Insel nahe kam, da läuteten die Glocken: »Auferstehung! Auferstehung!« — Das gab ihr Kraft. Plötzlich blieb Gilbrechts Schifflein dort, wo der See am tiefsten ist, stehen und rührte sich nicht. Edeltraut blickte in die Tiefe, da sah sie Gilbrecht blass und tot in den Armen der Nixe liegen. — Edeltraut fing an zu weinen, still und stumm, ihre Tränen fielen in den See und es kamen Träne für Träne auf Gilbrechts Herz zu fallen. Da fing es an sich in Gilbrechts Herz zu regen, immer mehr und mehr, je heißer Edeltraut weinte.

Blanka blickte empor und sah Edeltraut. »Sie weckt ihn auf zu neuem Leben mit ihren Tränen, meine Tränen ließen ihn kalt, er gehört ihr«, sprach Blanka, küsste ihm leise Mund und Augen, trug ihn empor zu Edeltraut und legte ihn sanft in den Kahn. »Mir ist seine Liebe nicht beschieden«, sagte sie traurig zu Edeltraut, »Dich allein liebt er treu und innig; bei mir ist er tot, Du aber gibst ihm Leben!« Und da weinte die Nixe zwei große, schöne Tränen, die blieben über dem Wasser schwimmen und wurden zwei Seerosen. — Das sind die Tränen der Entsagung.

Gilbrecht erholte sich bald; er hatte gar keine Erinnerung mehr an die Nixe, aber Edeltraut wusste es wohl.

Als dann der Hochzeitszug über den See zum Kirchlein auf der Insel hinüber fuhr, wo sie getraut werden sollten, siehe, da war die Stelle, wo einst Gilbrecht zur Nixe hinabgesunken war, übersäet mit Seerosen. Edeltraut wusste, dass Blanka ihm also noch viele Tränen nachgeweint hatte. das tat ihr weh, Mitleid fühlte sie inmitten ihres Glückes für die arme Nixe. Sie nahm nun eine Blüte aus ihrem Myrthenkranze, warf sie in den See und sah eine weiße Hand aus dem Wasser heraus darnach haschen

»Dank Dir, Nixe!« sagte Edeltraut.

»Dank Dir, Menschenkind!« scholl es aus dem See zurück.

Das Geplauder der Kieselsteine am Strand.

Das wisst ihr wohl noch nicht, dass die Kieselsteine an der Meeresküste sehr geschwätzige Gesellen sind? Ja, man möchte es fast nicht glauben. Sie sehen so glatt und ruhig aus, als ob sie gar nichts empfanden. Das glatte und ruhige Aussehen täuscht sehr oft, aber es liegt doch Empfindung dahinter und zwar mehr, als man glaubt.

Die kleinen runden Dingerchen, die Kiesel an der Meeresküste, wissen gar viel und haben im Laufe der Jahrhunderte Unglaubliches erlebt. Des Nachts werden sie dann geschwätzig und erzählen dem guten alten Monde ihre Erlebnisse. Ein jedes Steinchen hat einen Lieblingsstern, dem es seine Geheimnisse anvertraut. So versteht ein Ding das andere in der Natur. Es ist, als ob die Steinchen des Nachts herumspringen und sich gruppenweise unterhielten, ganz so wie die Menschen in ihren Abendgesellschaften.

»Kommt doch, liebe Meereswellen«, sprach so ein niedliches flaches Rosasteinchen, »kommt doch, küsset uns, waschet uns schön ab. Die Sonne hat heute so heiß gebrannt, kühlt uns. Lasst euren schönen weißen Schaum auf uns ruhen, ihr lieben Meereswellen. Kommt, rauschet, singet uns was vor, erzählet uns von der jenseitigen Küste, dort, wo das große Meer endet und unser Reich wieder beginnt; sagt, sind dort auch so niedliche Kieselsteine, solche wie wir es sind?« Und das Rosasteinchen besah sich in den Mondesstrahlen gar gefällig.

»Albernes Ding«, brauste das Meer, welches heute sehr übel gelaunt war, »glaubst du, dass die Welt nur aus euch besteht? Was fragst du mich nach den Steinen von drüben? Sand ist dort, Wüstensand, brennend heiß!« — Die Meereswellen schlugen über das Ufer, dass die Kieselsteine hinwegrollten und viele wurden hinabgezogen in den tiefen schauerlichen Meeresgrund.

»Ach, wie grausam seid ihr doch, ihr unbarmherzigen Meereswellen«, rief ein dunkelgrüner Kieselstein, »ihr habt mir meinen Freund geraubt, meinen Verlobten, mit welchem ich hier so schön und friedlich plauderte. Am Tage des Vollmondes wollten wir Hochzeit halten, nun ist er fort, fort auf dem Grunde des Meeres, bei den Korallen und bei den Fischen. Ach, so nehmt auch mich mit!« So flehte das Steinchen und es war ganz feucht, als habe es geweint, oder war es nur der Schaum des Meeres?

»Warte nur«, sprach eine dick aufgeblähte Welle, »warte, bis die Reihe an dich kommt, du kommst auch hinunter in den Meeresgrund, dann kannst du den Freund suchen.«

»Redet nicht so viel mit den Wellen«, sprach ein großer, ansehnlicher Stein, welcher der Tonangeber und mehrere Jahrhunderte alt war. »Das bringt niemals Glück, lasset euch nicht ein mit den Wellen, ihr werdet doch nicht fertig mit ihnen, sie behalten stets das letzte Wort und bedenken nicht, dass wir ihre Grundlage sind. Ein Meer ohne Erdreich und Steine, das gibt's nicht. Doch der Klügere schweigt. Weil die Menschen mit ihren großen Schiffen den Wellen nicht gebieten können, so bilden sich diese ein, sie seien unbezwingbar. Doch der große Herr und Schöpfer hat dem Meere auch Ziele gesetzt.«

Alle Kieselsteine horchten aufmerksam zu und ein Gemurmel des Beifalls schloss die Rede des weisen Steines.

»Was ist der Mond?« fragte ein lustiges Steinchen. »Er ist so rund wie wir, ist er wohl auch ein großer Stein? Und unsere lieben Sterne, was sind sie alle? Da liegen wir seit Jahrhunderten, sehen sie jede Nacht und wissen nicht, was sie sind.«

»Es war eben noch Keiner oben«, erwiderte ein kleiner Witzbold, »und es ist auch noch Keiner von oben heruntergefallen.« Hierauf lachten die Kiesel über diesen drolligen Einfall.

»Es fehlen mir aber heute mehrere meiner Bekannten«, sagte ein kaffeebraunes Steinchen »wo sind sie denn nur?«

»Ach, die wurden alle heute früh von Kindern fortgetragen«, scholl es von allen Seiten.

Es kam wieder einmal so eine Bande daher und trug Steine fort in Tüchern und Taschen. »Ach, sieh' einmal das Steinchen, wie niedlich!« riefen sie aus. »Dieser ist noch schöner.« Einige Steine wurden als unschön fortgeworfen. Ihr könnt es gleich sehen, welche es sind, die buckligen, grauen dort; wie sie grimmig drein sehen.

»Es ist nicht wahr«, erwiderte ein grauer Stein, »wir sind gar nicht beleidigt, dass uns die Kinder nicht mitnahmen, wir sind recht froh darüber, denn ich weiß, wie es bei den lieben Menschen aussieht. Mich nahm auch einmal ein kleines Mädchen mit, es behauptete, ich sähe aus wie Seife, es wusch seine Puppenwäsche mit mir, bis es mich eines Tages aus seiner Kleidertasche verlor und da bin ich nun wieder.«

»Wir sind heute wieder ordentlich getreten worden von den Menschen«, sprach ein anderer Stein, »wie vielerlei Füße gingen doch über uns. Grosse Füße mit Stiefeln und Sporen, feine Damenfüße mit hohen Haken, kleine Kinderfüßchen, derbe Fischerleute und barfuss die armen Menschen. Und wie verschieden diese vielen Füße auftreten, daraus kann man die Charaktere der Menschen studieren. Vor Jahrhunderten da war's hier anders, da war kein Mensch zu sehen.«

»O, die lieben Stiefel mit Sporen«, sprach das Rosasteinchen, »die liebe ich so, das klirrt so schön beim Auftreten.« — »Ich liebe die Kinderfüßchen.« — »Ich die hohen Haken.« — »Ich den Fischersmann« — so scholl es von allen Seiten wirr durch einander. »Ich hasse alle Menschen«, so grollte ein derber Stein, »treten können sie uns, aber zertreten nicht.«

»Warum liebst du denn die Menschen nicht?« fragte ein niedliches Steinchen, »ich liebe sie so sehr. Heute saß ein gar schönes, liebliches Kind hier am Strande neben mir, es blickte ins Meer und aus seinen Augen kam es so nass und salzig heraus, wie aus den Meereswellen. Die Menschen nennen das Tränen. Eine solche Träne fiel auf mich und die klagte mir, dass die bösen Wellen dem süßen Kinde den Geliebten geraubt hätten, gerade so wie dem Rosasteinchen. Auch es wollte ihm folgen ins Meer, da rief es immer den Tod an. — Weißt du, wer das ist, der Tod?«

»Euch kommt kein Tod, euch kommt Verwandlung«, so klang es durch die stille Nacht. »Scheltet nicht die Meereswellen, scheltet nicht die Menschen, dünkt euch selbst nicht so groß, horchet, horchet, der Allmächtige, der ewige Lenker, er ist da, er schwebet im All!«

Zyklamen und Schneeglöckchen.

Zyklame: »Wenn Dein Herz betrübt ist, so komm'
in den Wald zu mir."
Schneeglöckchen: »Ich läute den Frühling ein.«

Vor viel tausend Jahren war die Erde noch nicht so bevölkert, wie jetzt. Da gab es weniger Menschen, keine Städte und Dörfer im mittleren Europa, sondern mächtige Urwälder, tiefe Sümpfe und Seen. In dieser Zeit lebten die Götter und Märchengestalten, von welchen die Menschen heute noch reden. Ja, da hausten die Riesen und Riesinnen in den Felsklüften, da gingen emsige Gnomen aus und ein in ihre Berghallen, da lachten die lieben Waldfräulein im Urwalde und die Elfen tanzten den Reigen im

Mondscheine. In jedem Blumenkelche lebte ein Elfe, in jedem See Hunderte von Nixen, Alles war belebt und bewohnt von märchenhaften Gestalten, die nun durch die Menschen fast alle vertrieben wurden. — Die Märchengestalten leben noch in der Seele des Poeten, im Herzen der Kinder und im Glauben des Volkes.

Es war in den Tagen der Völkerwanderung, als Scharen von Menschen verwüstend in Europa ein —drangen, aus Asien kommend. Die Axt wurde an die alten, knorrigen Eichen gelegt, die dröhnend zusammenbrachen. Pfahlhäuser erhoben sich über die Sümpfe, Hirsche und Eber fielen durch Speer und Bogen, Kähne zogen über die Gewässer, nirgends mehr war Ruhe, die jungfräuliche Erde wurde der Menschheit angetraut, sie musste nun den Menschen dienen, nicht mehr mit den Göttern träumen.

Da flohen alle Wald-, Berg- und Wassergötter, Feen und Elfen immer weiter, weiter, dem menschlichen Störenfried weichend, in wüste Gegenden und Viele verließen ganz die Erde. Vieles nahmen sie von der Erde mit, was nun nicht mehr da ist. Die Waldfräulein und Elfen nahmen ihre Lieblingsblumen mit und die Götter der Jagd, die Riesen, ihre Lieblingstiere; so verschwand Manches mit diesem Märchenwesen von der Erde, was früher dagewesen.

Es war in einem Sumpfe, da stand eine Pfahlhütte, darin wohnten zwei liebe Kinder, ein Knabe und ein Mädchen, die konnten die Waldfräulein sehen, sie sprachen auch mit ihnen und liebten jene Kinder sehr; doch, da die Gegend, in welcher diese Kinder wohnten, sich immer mehr bevölkerte, mussten die Waldfräulein fort. Es kam der letzte Tag, da stellten die Waldfräulein und Elfen sich ein, um Abschied zu nehmen von den lieben Kindern. Diese weinten laut, als sie vernahmen, dass ihre lieben Freundinnen fortgehen und dass sie dieselben nimmer sehen werden sie weinten so arg, — denn wenn Kinder einmal zu weinen beginnen, so tun sie es ordentlich, — dass es der Waldkönigin schwer ums Herz wurde. Sie sprach zum Knaben: »Höre, sei vernünftig, ich will Dir ein schönes Andenken lassen, damit Du mich nicht vergisst. Siehe hier meine Blume, die Zyklame, die Du auch so liebst, — nun wir wollten sie alle mitnehmen, damit keine mehr auf Erden bleibe, aber Dir zu liebe schenke ich Dir die holden Blumen, da nimm sie, setze sie ein und gedenke stets der Waldfräulein.«

Und zum Mädchen sprachen die Elfen: »Hier hast Du kleine Knollen, die setze in die Erde, im Frühjahr kommt ein weißes Blümlein heraus, das sind unsere Abschiedstränen, die wir am Bachesrande geweint ob der Trennung. Wenn Du die Blümlein siehst, so gedenke der Elfen. Habe nur Geduld, Mädchen müssen Geduld haben.

Und fort schwebten die lieben Gestalten. So kommt es, dass die Zyklamen auf Erden blühen.

Es haftet ihnen der Hauch der Waldgöttin an, das ist ihr süßer Duft.

Und die Schneeglöckchen hängen wie tränenschwer ihre Köpfchen, als wollten sie heute noch den Elfen nachweinen.

Das Vergissmeinnicht.

Im tiefen Walde war eine kleine Blume, sie wuchs an recht wilder, verlassener Stelle, da wo das Laub sehr dicht war und wo die Sonnenstrahlen nur spärlich durchschimmerten. Das Blümlein war blau und blühte ganz still verborgen und ahnte nichts von der Welt da draußen. Hie und da kam ein Vöglein herbeigeflogen und erzählte dem verborgenen Blümlein von der andern Welt im Walde, von den lichten Stellen, wo auch Blumen wachsen und blühen, von den Menschen gesehen, gepflückt und abgerissen.

Nun, weil in die sumpfige, kühle Stelle, wo unser Blümlein blühte, niemals ein Menschenfuß kam, so wünschte sich die Blume sehnlichst einmal Menschen zu sehen.

Des Nachts, wenn der Mond schien, da stahl sich ein Mondstrahl zum Blümchen hin und sprach:

»Holde Blume, blauäugige Blume, sei froh über deine Verborgenheit; blühe, blühe; genieße die Freiheit; denke nicht an das Verblühen, sorge nicht für die Zukunft. Sieh', wie viel Knospen du noch hast!«

»Aber, lieber Mondstrahl«, erwiderte die Blume, »ich möchte so gerne einmal Menschen sehen.«

Wünsche dir das nicht, Blümlein! Wünsche dir das nicht«, flüsterte der Mondstrahl und küsste die blaue Blume.

Wie oft geschieht es aber, dass ein Wunsch zum nachherigen Schmerz des Wünschenden erfüllt wird.

So erging es unserem Blümlein. Die Rehe wurden in dem Walde gejagt, die Menschen verfolgten sie. Siehe, da kam ein Reh in schneller Flucht, es setzte gerade über das blaue Blümchen, da knallte ein Schuss und verendet lag es da, das liebe Reh. Bald darauf kamen Jägersleute; ein junger Mann bückte sich über das verendete Reh, das mit gebrochenen Lichtern in den grünen Wald starrte. Der junge Mann sprach »Ein herrlicher, waidgerechter Schuss!« Ein Förster steckte ihm den Tannenzweig auf den Hut.

Unser blaues Blümchen aber, welches sich anfangs im Schilfe erschrocken geduckt hatte, sah nun neugierig aus demselben hervor, um die so ersehnten Menschen nun zu erblicken. Der glückliche Schütze sah es. »Ein Vergissmeinnicht an dieser Stelle«, sprach er, »das bringe ich ihr.« Er pflückte das Blümlein und steckte es zum Tannenbusch auf den Hut. Das Alles kam so rasch, dass es die Besinnung verlor; auch war ja das Abpflücken sehr schmerzhaft. Kaum hatte es also einen Menschen gesehen, so waren auch Schmerz und Tod schon da, — nur das Wort »Vergissmeinnicht« tönte im scheidenden Seelchen der Blume nach; es steckte da auf dem Hute des jungen Mannes und senkte gar trüb das blaue Köpfchen.

Mittlerweile war es Abend geworden; der Freund des Blümleins, der Mondstrahl, kam und suchte es. »Fort ist es«, klang es im Walde von den Wurzeln der Blume, »fort, abgerissen und tot — bei den Menschen.«

Das Blümlein aber erwachte plötzlich zum Bewusstsein, der junge Jägersmann nahm es vom Hute und gab es einer schönen, jungen Frau. »Teures Weib«, sprach er, »hier hast Du den Tannenbusch und ein Vergissmeinnicht, welches an der Stelle wuchs, wo ich den kapitalen Rehbock erlegte, acht Tage nach unserer Hochzeit!« und er umarmte die junge Frau. Diese aber nahm das welke Blümchen und küsste es, dann legte sie es in ein dickes Buch und klappte es zu, so dass alles Leben aus der Blume entwich. »Vergiss mein nicht!« sprach sie noch leise dabei. »Vergiss mein nicht!« hauchte auch das Blümchen. —

Es vergingen manche Jahre, vertrocknet und vergilbt lag die Blume im dicken Buche. Eines Tages öffnete Jemand das Buch und eine Kinderstimme rief: »Mama, ein altes Vergissmeinnicht, woher hast Du es?« Und die Mutter sah das Blümchen an, eine Träne fiel auf dasselbe. Sie nahm ein Streifchen Papier, schrieb etwas darauf und wickelte das Vergissmeinnicht hinein; auf dem Papier aber stand »Erinnerung ist das einzige Paradies, aus dem wir nicht vertrieben werden können.«

Fast hätte ich vergessen, zu sagen, dass das Seelchen der Blume, als es aus dem abscheulichen dicken Buche gepresst wurde, zum Walde hin zu seinen Wurzeln flog, es flüsterte denselben leise zu: »Haltet fest, wachset, blühet aufs Neue, duckt euch im Schilfe, freut euch der Vöglein, der Sonne und der Mondesstrahlen. — Vor Allem aber: hütet euch vor den Menschen und — vergiss mein nicht!«

Die drei Geizigen.

»Warum soll ich all meinen grünen Saft den Bienen geben?« so sprach eine Akazienblüte verdrossen, als die Bienen um sie herum summten und süßen Honigseim aus ihren Blüten saugten. »Ich behalte meine Süßigkeit für mich, ich gebe nichts her«, sprach sie, sich heftig schüttelnd. »Weshalb hat dir der allmächtige Schöpfer die Süßigkeit gegeben?« sagte das liebe Vergissmeinnicht, das unweit der Akazie am Bachesrand blühte. — »Gib doch das hin den Anderen zum Wohle, was dir Gott in so reichem Maße bescherte. Ach, ich wollte, ich besäße deinen Reichtum, gern gönnte ich ihn den Bienen.« — »Nein, ich leid's nicht; ich will es selbst behalten«, antwortete die Akazie und schüttelte sich nun so heftig, dass die Bienen alle erschrocken fortschwirrten zu barmherzigeren Blüten.

Unter dem Akazienbaume saß ein alter Mann, er sonnte sich und las eben einen Brief. »Ich soll dem Jungen mein Geld schicken!« sprach er zornig, »fällt mir nicht ein; der Junge soll sich selbst erhalten , er soll arbeiten, darben. Mein erspartes schönes Geld soll der Herr Neffe nicht kriegen.«

Umsonst kam der Engel der Erinnerung und führte dem harten, alten Mann das Bild seiner verstorbenen Schwester mit dem kleinen Knaben in den Armen vor die Seele, umsonst ließ der gute Engel ihm die Worte in die Ohren klingen: »Bruder, lass meinen Sohn nicht verhungern!«

Der alte Mann wollte die Stimme nicht hören, er zerriss den Brief und warf die Stückchen in den Bach, dann stand er auf, ging in sein Haus zu seinem Geldschranke hin und zählte die Dukaten.

»Ei«, so sprach eine geschäftige Henne, »was soll ich immer all meine Eier den Menschen vor die Nase hinlegen, ich will sie für mich behalten, hier in dem Strauch recht schön verstecken, so dass sie die Menschen nicht finden.«

»Du kannst sie ja nicht alle ausbrüten«, sprach die praktische, alte Hauskröte zur Henne, »gib doch den Überfluss nur her und begnüge dich mit dem Nötigen.«

»Das verstehst du nicht, du glotzende Kröte«, kreischte die Henne, »ich bin viel klüger als du.« Und sie verbarg ihr Ei in das dunkelste Gebüsch.

Nun kam der Abend, ein Gewitter stand am Himmel, Blitz und Donnerschlag brachen los, der Sturm tobte und knickte gerade den Ast vom Akazienbaume ab, an welchem die geizige Blüte prangte. Nun war es aus mit ihrer Pracht, zerschmettert war sie, gefegt vom Sturme, die Bienen mochten ihren süßen Saft gar nicht mehr.

Und der alte Mann stand vor seinem Geldschrank, da kam der so genannte Knochenmann an ihn heran und mit einem Schlag war der harte Mann tot, plötzlich getrennt von all seinem Gelde, er musste Alles zurücklassen und kam in das Reich, wo es kein Gold und kein Geld gibt. —
Und sein armer Neffe, den er hätte verhungern lassen, erb-

te nun den angesammelten Reichtum.

Als die Henne ihr zweites Ei zum ersten in den Strauch legen wollte, da lag nur die Schale noch da. Der Marder war gekommen, hatte das Ei verzehrt und wartete schon auf das zweite.

»Wolltest sparen, nicht wahr, dumme Henne, für wen, für die Diebe?« sagte die Kröte und blähte sich auf.

»Gebet, gebet!« flötete die Nachtigall. »Ohne Verdienst habt ihr's vom Herrn aller Dinge, von Gott erhalten, gebet aus Liebe in vollem Maße, so wie ihr es empfanget. Der Eine lebe für den Andern, sparet nicht für den Tod und für Diebe, gebet!«

Nelke und Armsünderblume.

>Nelke: »Ich lasse mein Leben für Gott.«
>Armsünderblume: »Betet für die armen Sünder.«

Ihr wisset es wohl nicht, dass die Nelke aus dem Herzblut einer Märtyrerin entstanden? Nun, ich will euch die Geschichte erzählen.

Es war zu Rom, zur Zeit der Christenverfolgung, im mächtigen großen Rom, welches die Welt beherrschte, wo Prunk, Geld und Wollust das Szepter führten, als die Stimme armer schlichter Menschen erscholl, welche vom großen einigen Gott, von Christus dem Erlöser, von Busse, Reue und Vergebung der Sünden sprach. Stellet euch das vor inmitten des Hochmutes und Unglaubens, inmitten großer weltlicher Kraft, dies Wort. Die mächtigen Römer achteten dieser Stimmen anfangs nicht, waren es doch nur Arme, die nichts zu verlieren hatten, welche von Brüderlichkeit, vom armen gekreuzigten Heiland sprachen. — Ein schöner Gott, der sich kreuzigen ließ! lachten die Römer. — Doch bald erwachte das göttliche Wort auch in den Herzen von einigen Reichen. Der Mut der Christen, die für ihren Heiland zu Hunderten gerne starben, erweckte Aufsehen, Bewunderung und rührte das Herz gar Vieler. Nun wurde die Sache gefährlich, das Wort der Christen begann an dem morschen Gebäude der Römergewalt zu rütteln, — also mussten alle Christen vertilgt werden. Sie taten das nicht aus Liebe zu ihren alten Göttern, sondern aus Liebe zu sich selbst, aus Angst um ihre Herrschaft. — Viele Geschichten dieser Treue und der Vorkämpfer des Glaubens, die ihr Blut ließen für Gott, hat die christliche Kirche bewahrt, viele aber gingen auch verloren. Eine solch' verloren gegangene Geschichte will ich euch erzählen.

Rhèa war die Tochter eines der angesehensten Patriziers in Rom. Durch eine Magd, die bei ihr diente, hatte sie von Christus und Gott gehört. Die Geschichte des Heilandes und Erlösers rührte tief ihr Herz, welches nun in heiliger Liebe zum Erlöser erwachte. War sie schon früher tugendsam und gut, so wurde sie es jetzt noch mehr, denn sie betete und konnte mit Gott sprechen, — Gott erleuchtete sie und sandte Kraft und Trost in ihr Herz.

Ihre Eltern wollten sie an Heraclyd, einen reichen Patriziersohn, vermählen; es war eine zwischen den Eltern abgemachte Sache. Da konnte nun Rhèa ihr Geheimnis nicht länger bergen; entschlossen erklärte sie, eine Christin zu sein, ihr Herz gehöre dem Erlöser, sprach sie, sie könne nie eines Mannes Weib werden.

Mit Entsetzen hörten es die Eltern; da halfen keine Bitten und keine Drohungen. Heraclyd aber, voll Zorn über Rhèas Verschmähung, ging hin und klagte sie beim Gericht des Christentums an. Nun begannen die Marter, zuerst das Gefängnis, Hunger, Durst, dann die Folter, aber Rhèa rief bei jeder neuen Qual aus:»Gelobt seist Du, großer, ewiger Gott, dass Du mich für Christum leiden lässest!« Und sie segnete Heraclyd dafür, dass er sie beim Senate verklagt habe.

In Rom feierten sie die Bacchusfeste; zu ihrer Belustigung ließen da die Römer Christen im Kolosseum durch wilde Tiere zerreißen, sie marterten sie auf alle nur erdenkliche Art zum abschreckenden Beispiel für das Volk.

An einem dieser Tage war es, da auch Rhèa an die Reihe kam. Wie in süßem Traume stand sie da, die schöne Jungfrau, die Arme auf der Brust gekreuzt, den verklärten Blick zum Himmel gewandt.

»Diese Jungfrau ist zu schön für die wilden Tiere, auch ist sie eines Patriziers Kind; kommt, ihr Bogenschützen, zielet nach ihr, und wer sie ins Herz trifft, der erhält den Pokal voll Goldes.«

Heraclyd trat heran. »Lasset mich das Ziel versuchen«, sprach er, »auf euer Gold verzichte ich.«

Es wurde ihm gewährt und Heraclyds Pfeil durchbohrte Rhèas Herz, das Blut tropfte aus der Wunde, sie sank hin und rief:»Mein Heiland!« Wie verklärt blieb der Blick am Himmel haften.

Aber die Blutstropfen, die auf die Erde gefallen waren, verwandelten sich in blutrote Nelken, deren Duft die Luft erfüllte; das Volk stürzte hin, Jeder wollte eine Nelke haben. Der Christengott war doch mächtig, dass er solche Wunder schuf. — Auch Heraclyd war hinzugetreten, er brach eine Nelke, küsste sie und rief mit starker, weithin tönender Stimme:»Der Christengott, er lebt! Ich bin ein

Christ, — gebt mir die Bluttaufe!«

»Hetzet die Leoparden auf ihn«, rief der Senator, der durch ein neues Schauspiel der Grausamkeit den Eindruck des Wunders beim Volke verwischen wollte. Und die wilden Tiere zerrissen Heraclyd. Aus seinem Blute aber spross die Armsünderblume, die nun auf allen Strassen und Wiesen, im Staub und Sturm, im Norden und Süden wächst. Überall wird man die blaue Blume erblicken, stumm bittet sie um ein Gebet. Die Menschen verachten sie, sie wird niemals in einen Strauss gewunden. Auch Wegwarte heißt die Blume, sie wartet am Wege um ein Gebet.

Die Nelke wächst bei Arm und Reich, Jedermann liebt sie. Sie ist eine Blume des Volkes, keine vornehme Blume. Die Bauernmädchen schmücken sich damit, wenn sie zur Kirche gehen. Dem Waidmann bringt sie Heil, wenn ihm das Liebchen eine Nelke auf den Hut steckt, die

Nelke ist eine Glücksblume, die Kraft des Glaubens wirkt immer noch fort in ihr. —

Die Geschichte des Königs.

Es war einmal ein König, ein großer Sünder, denn er war hart und ungerecht gegen seine Untertanen. Sich selbst aber verzieh er Alles.

Auf dem allerkleinsten Vergehen stand die Todesstrafe. Da wurde nicht erst lange gefragt oder untersucht, ob der Angeklagte wirklich schuldig sei, ein Zeuge genügte und — schwups — wurde man hingerichtet. So kam es dann, dass viele Unschuldige starben. — Hinrichtungen waren nun einmal das Hauptvergnügen dieses Königs.

Eines Tages sollte wieder einmal ein Unschuldiger geköpft werden. Der König und sein ganzer Hofstaat waren schon versammelt, als der arme Mann auf das Schafott stieg.

»Ich sterbe unschuldig!« rief er, »und Du, ungerechter König, merke Dir das: Wer den Andern die Sünden nicht vergibt, dem werden sie auch nicht vergeben. Wehe Dir!« Das waren seine letzten Worte.

Der König war sehr betroffen, die Worte des unschuldig Verurteilten wollten ihm nicht aus dem Sinn kommen, er dachte die ganze Nacht darüber nach; dass er viele Sünden begangen habe, das wusste er, die sollten ihm also niemals vergeben werden?

»Dem ist ja leicht abzuhelfen!« rief er endlich freudig aus. »Von nun an vergebe ich Allen, es soll Keiner mehr hingerichtet werden in meinem Reiche, ich will nun Jedermann vergeben, da wird auch mir vergeben!«

Des anderen Tages rief er seine Minister zusammen und gab ihnen seinen Entschluss kund: es sollte nun Niemand mehr, und sei es der ärgste Räuber und Mörder, in seinem Reiche bestraft werden. Alle Gefängnisse wurden geöffnet, alle Richtplätze zerstört, die Richter wurden pensioniert, es durfte keine Rechtsperson, kein Advokat mehr im Lande sein, das Militär wurde entlassen und so das ganze Land dem guten Willen der Menschen überlassen.

Der König lebte gemütlich fort in Saus und Braus, gab große Feste und freute sich, so oft er von einem Mord oder Raub hörte, der ungestraft blieb. Das bringt mir Vergebung ein, — dachte er still bei sich und somit war sein Gewissen beruhigt, desto ungestörter konnte er nun auch seinen Leidenschaften frönen.

War das eine richtige Art des Vergebens? Nun lasst einmal sehen.

In dem Lande, wo das Böse gar nicht bestraft, sondern still geduldet wurde, sah es bald gar grausig aus. Es war wie in einem Garten, wo das Unkraut wuchert. Die Menschen schlugen einander tot, ganze Horden von Räubern verwüsteten das Land, zur Wehr setzen durfte man sich nicht.

Bis jetzt hatten die bösen Strolche den König noch ungeschoren gelassen, doch nun kam die Reihe an ihn.

Eines Tages, als er mit seinem Sechsschimmelgespann spazieren fuhr, überfielen ihn die Landstreicher und plünderten ihn aus, sie setzten sich auf die schönen Schimmel und fort waren sie. Der König schrie: »Hilfe, Räuber, packet sie, sperrt sie ein!« Doch umsonst — es fand sich Niemand zu seiner Verteidigung. Er musste zu Fuß nach Hause gehen und als er sein Schloss erreicht hatte, stand dasselbe in Flammen. Alles war geplündert und die treuen Diener des Königs lagen geköpft da. Der König schlug Sturm, er wollte die Mörder bestrafen und rief die Minister zusammen, die kamen auch, aber wie sahen sie aus! Barfuss, in Lumpen, verhungert und elend waren sie.

»Majestät«, sprachen sie, »die Räuber und Mörder, die bösen Menschen, denen hier Alles gestattet war, haben uns unser Hab und Gut geraubt, wir können nun betteln gehen. Ohne Gerechtigkeit, ohne Gericht kann man nicht regieren.«

»Das tut nichts«, sprach der König, »so lasst uns betteln gehen. Mir wird nun Alles verziehen, ich habe auch Alles vergeben.«

Und so zog der König aus seinem Lande, das er der Verwüstung preis gab und ging betteln. Angenehm war es ihm freilich nicht, doch hatte er auf diese Art alle Verantwortung von den Schultern. — Da kam er auf seiner Wanderung in ein schönes Reich. Ein Mann mit langem, weißem Bart, eine Kristallkrone auf dem Haupte, in wallendem, weißem Gewande kam ihm entgegen, seine Augen blickten so mild und liebevoll.

»Komm' in mein Haus, armer Fremdling«, so sprach er den König an, »ich will Dich laben und erquicken, komm', ruhe Dich aus im Reiche des Friedens. Ich heiße König des Friedens.

Der Fremdling nahm das Anerbieten freudigst an und erzählte dem König Frieden sein ganzes Leben, seine eigenen Fehler jedoch nicht berührend. Er beklagte sich über den Undank der Menschen. Je mehr er erzählte, desto ärgerlicher wurde er, zuletzt fluchte und schrie er gegen die Räuber, die ihm Alles genommen.

»Halt ein, beruhige Dich«, sprach König Frieden, »Du musst keine Disharmonie in mein Reich bringen, hier darf nicht geflucht werden. Du hast die Sache ganz falsch angefangen. Deine Sünden sind Dir nicht nur vergeben, Du hast jetzt neue hinaus selbstsüchtigen Gründen dem Laster in Deinem Lande freie Zügel ließest; dafür bist Du nun auch verantwortlich. Armer Mann, gehe in Dich — rufe die Reue in Dein Herz und trachte Alles wieder gut zu machen; — komm' mit mir, ich will mit Dir in Dein Land ziehen.«

Der König machte ein mürrisches Gesicht und fragte: »Hast Du eine Armee guter Soldaten, so wollen wir in mein Reich zurück und ihnen die Köpfe zurecht setzen.«

»Ich habe keine Armee«, sprach König Friede, »ich bin selbst so stark, dass ich alle Armeen überwinde und zum Stillstehen bringe.«

»Das glaube ich Dir nicht«, sprach der König missmutig. »Ich will Rache suchen, da mir meine Sünden doch nicht vergeben sind, trotzdem ich ja Niemanden mehr strafen ließ. So will ich mich nun rächen.«

Und so verließ er das Reich des Friedens und kam in das Nachbarland zum König Krieg.

Der König Krieg kam ihm entgegen, er war ein großer, mächtiger Mann, aus seinen Augen schossen Blitze, seine Stimme klang wie Kanonendonner; ein langes, blutiges Schwert hatte er in der Hand; — er war furchtbar anzusehen.

»Edler Freund«, sprach der König zu ihm, »komm hilf mir mein Reich wieder erobern, Du bist mutig und groß.«

»Ha!« sagte der König Krieg, »Du kommst von meinem ärgsten Feinde, dem Frieden?«

»Nun wohlan, lasst uns dem alten Manne die Macht des Krieges zeigen.«

Und so zogen sie aus gegen des Königs Reich mit einer großen Armee, um es wieder zu erobern. Man kann sich's vorstellen, wie es da zuging. Der König wollte nichts mehr von Vergebung wissen und der Krieg verwüstete das ganze Land.

Die hartbedrängten Menschen baten immer um Frieden. Da musste endlich der König Friede einschreiten; er kam ganz allein und verjagte den Krieg mit seiner Armee und nahm den König gefangen. Er saß nun im Gefängnisse und hatte Muse, über sein Leben nachzudenken.

Da trat eines Tages eine wunderschöne, ernste Frau zu ihm ins Gefängnis. Sie hatte ein blaues Bußkleid an, auf ihrer Stirne war eine Dornenkrone und um den Hals trug sie prachtvolle, schwere Perlen, aus ihren Augen floss ein mildes Licht, ergreifend erscholl ihre Stimme.

»Ich bin die Reue«, sprach sie zum König, »Du kennst mich wohl noch nicht, doch ich bin die Freundin der armen Sünder, komm', schließ' mich in Dein Herz ein. Willst Du mir einst auch eine Träne geben, die dann an meinem Halse zur kostbaren Perle wird?«

Sie sprach so lieblich bittend, dass des Königs Herz erschüttert wurde und er weinte nicht nur eine Träne, sondern viele, so dass eine ganze Perlenreihe daraus ward.

»Siehe«, sprach der Friede, »nun ist es gut, Du hast Dein Leben bereut, jetzt komme auch ich in Dein Herz, — Deine Sünden sind Dir vergeben.«

Das Gänseblümchen oder Maßlieb.

»Ich gebe mein Leben hin für die Liebe.«

Es war einmal ein Mädchen, alle Menschen nannten es das »Gänschen«, obwohl es Marguerite hieß. Das war nun sehr hässlich von den Menschen. Wisst ihr, weshalb man sie so nannte? Weil sie nicht stolz und nicht bös, sondern demütig und nur zu gut war. Sie gab Alles den Andern hin, und wenn ihr die Menschen Übles taten, so hatte sie noch Entschuldigungen für sie. Ihre Verwandten brachten sie um ihr Erbteil, aber sie sprach kein böses Wort, sie begann keinen Prozess. — Wenn jemand sie auf die eine Wange schlug, so reichte sie noch die andere hin und sprach »Gott vergebe ihnen, denn sie wissen nicht, was sie tun!« Das galt vor den Augen der Leute als sehr dumm, deshalb nannten sie Marguerite das Gänschen.

Marguerite erwarb sich nun den Lebensunterhalt durch Nähen. — Am Weihnachtsabend saß sie in ihrem Stübchen; es war sehr kalt und sie hatte kein Holz zum Heizen, denn ihre Ersparnisse hatte sie Leuten gegeben, die, wie sie meinte, noch ärmer waren, als sie. — Das Gänschen! — Einsam saß sie da, ihr bescherte Niemand etwas. — Da klopfte es an das Fensterlein. Marguerite öffnete es, siehe, da flog ein schönes, allerliebstes Engelchen herein.

»Ich komme von der schönen, grünen Himmelswiese«, sprach das Engelein. »Ich gehöre zu der Schar von Engeln, die heute Nacht gute Kinder bescheren. Weil Du so gut bist, Marguerite, habe ich Dir eines unserer liebsten Spielzeuge mitgebracht. Siehe da die weißen Sternchenblumen, Maßlieb heißen sie.«

Und das Engelein schüttete aus seinem Schürzchen eine Menge Maßliebchen auf den Tisch.

»Was soll ich aber mit diesen Blümchen?« fragte Marguerite.

»Reich wirst Du durch diese Blumen«, sprach der Engel schelmisch lachend. »Aber sei nur kein Gänschen, tue genau so, wie ich es Dir zeige. Man rupft Blatt für Blatt von der Blume ab, wenn man erfassen will, ob Jemand uns liebt, und sagt dabei »Er liebt mich, — von Herzen, — ein wenig, — fast gar nicht.« — Das ist so unser Spielzeug auf der großen, grünen Wiese.

»Ich bin Dir zwar sehr dankbar, holdseliges Engelein«, sagte Marguerite, »aber für mich sind diese Blumen doch unbrauchbar, denn Niemand liebt mich ja.«

»Sei kein Gänschen«, sprach der Engel, »morgen früh kommt Deine Base, die Dich um Dein Erbteil brachte, sie wird Dir von der großen Bescherung erzählen, aber sie hat einen Kummer, sie liebt Jemand und möchte nun gern wissen, ob der Jemand sie wieder liebt. Nun passe einmal auf und sei kein Gänschen, folge nur. Du sagst der Base Lege mir fünf Groschen auf den Tisch und ich will Dir sagen, ob er Dich liebt. Darauf gehst Du dann in Dein Kämmerchen, wo Du die Blumen versteckt hast, rupfst und sagst dann der Base, wie es ausging. So werden bald viele Liebende zu Dir wie zu einem Orakel kommen. Um fünf Groschen antwortest Du Jedem, und da wirst Du reich werden. Also sei klug.«

Und damit schied der kleine Engel.

Marguerite tat es genau so, wie es ihr der Engel befohlen. Richtig, des andern Tages kam die Base und nach ihr noch viele Leute. Marguerite wurde ein Liebesorakel und war bald sehr reich.

Eine alte Jungfer, die gar neugierig war, entdeckte einmal Marguerites Geheimnis; sie stahl ihr die Blumen, pflanzte sie ein und sie wuchsen allenthalben, — aber den Spruch wusste die alte Jungfer eben nicht.

Den vertraute Marguerite erst auf dem Totenbette ihrer besten Freundin an.

Das Blümchen nannten die Leute dann, weil es bei Marguerite gefunden wurde, — Gänseblümchen.

»Maßlieb heißt es«, sagte Marguerite, als sie sterben sollte.

Die höflichen Franzosen aber nennen die Blume Marguerite nach ihrer Besitzerin.

Träumerei auf der alten Burg.

Es kam ein junges Mädchen den Schlossberg herauf, es schritt langsam bergan, den Weg durch den Wald; oft schaute es durch das Buchengrün hinauf, wo man die Ruinen des alten Schlosses durchblicken sah.

»Endlich«, rief es aus, als es die Trümmerhaufen erreicht hatte, »endlich bin ich oben.«

»Was sich der Herr Ritter von ehemals für einen hohen, herrlichen Punkt zu seiner Wohnung aussuchte; er saß ja wie ein Schwalbennest auf dem Felsen.«

Und nun durchstöberte Nora alle Winkel der Ruinen, ja mit Lebensgefahr kroch sie behände wie eine Gämse den morschen Turm hinauf und besah sich die Welt aus den öden Fensterbogen.

Ja, ihre Phantasie baute sich bald diese Steinhaufen zu einem stattlichen Schlosse auf. Die Ringmauern, Türme und Erker erstanden von Neuem, Stein auf Stein legte sich in den alten Bau zusammen, Stube an Stube stand schön eingerichtet da, der große Rittersaal prangte in Waffen und Rüstungen, das Erkerstübchen des Burgfräuleins war besonders lieb anzusehen. Das Fräulein saß am Spinnrocken, ein Liedchen summend. Vom Turme hoch blickte der Wächter hinab in das liebliche, grüne Tal und hinüber zu jenen Bergen, wo noch andere Burgen auf den Felsen standen, alle hoch gen Himmel blickend. — Da kam der Jagdzug heim, die Ritterfrauen und Herren auf hohen Zelten, die Knappen mit den Falken.

»Ach, es muss herrlich gewesen sein«, seufzte das junge Mädchen, indem es sich aus der Träumerei riss. »Ich hätte wohl in jener Zeit leben mögen, da eroberten sich die Männer Diejenigen, die sie liebten. Da gab es noch Poesie, Ritterlichkeit, wahre und tiefe Liebe bis in den Tod. — Wie unpoetisch und abgeschmackt ist es jetzt in der Welt. Es dreht sich Alles nur um Geld und Firlefanz. Wie hässlich sind die Männer in ihren Fracks und weißen Krawatten, sie riechen nach Pomade und Bartwichse und können kein männliches Wort reden. — Wie soll man da lieben?«

»Nur Einer von Allen, der hat noch etwas von den alten Rittern an sich«, — da seufzte sie tief auf, es gab ein Hindernis in dieser Liebe, das war wohl gewiss.

Sie setzte sich nun auf die höchste Spitze eines Steingerölles und ließ ihre Stimme erschallen, sie sang ein Lied von Mendelssohn. Die Stimme drang hinab ins grüne, liebliche Tal, hin zu jenen Bergen, wo andere Burgen standen.

Sie sang:
>   Sie trug einen Falken auf ihrer Hand
>   Und hat ihn über den See gesandt,
>   See gesandt.
>   Komm' Du bald —
>   Komm' Du bald.
>   Er kam mit dem Falken wohl über den See,
>   über den See
>   Und blies in das Hifthorn vor Lust und Weh
>   und Weh,
>   Komm' Du bald —
>   Du bald!
>   Der Falke flog weit durch Wald und Nacht
>   und Nacht,
>   Vom Märchentraum ist das Fräulein erwacht,
>   Fräulein erwacht,
>   Komm' Du, komm' Du bald — bald!

»Ja, ach wär's nur bald«, sprach das liebliche Mädchen für sich und es sann weiter.

So war es damals. — Dort in jenen Bergen, auf jener steilen Burg wohnte der edle, schöne, junge Ritter Kunibert und hier im Erkerstübchen saß seine Geliebte, die Jungfrau Jutte, mit den Goldflechten die müssen dabei sein, sowie die deutschen blauen Augen.

Wenn Jutte zu Kuniberts Burg hinüber sah, so fühlte er es magnetisch, sie sandte ihm den Falken mit der Kunde und er kam hoch zu Ross auf seinem Rapphengst in den Wald geritten, mit ihrem Falken auf der Hand. Er blies in das Hifthorn, dass es laut hinauf scholl zu ihrem Erkerstübchen, das hieß: »Geliebte, komme Du bald!« Sie erwachte, freudig pochte ihr Herz. Sie lief den Burgweg hinunter zum See in den Wald hin zu ihm, er umfing sie mit starkem Arm und schwang sie auf sein Ross und die schöne Jutte mit den Goldflechten ward Kuniberts Weib.

Ja, so war es damals, — wenn dann auch eine Fehde zwischen den zwei Burgen entstand, einerlei, sie waren Mann und Weib. — Seht, da flog ein Falke auf; es war ein Weibchen, es brachte den Jungen Nahrung und verschwand in einer Mauerritze des Turmes, das Männchen aber umkreiste denselben. Die Turteltauben gurrten im Grün der Buchen und hie und da zischelte eine Eidechse aus einer Mauerspalte hervor. — Das junge Mädchen war nun einmal träumerisch aufgelegt; es wollte weiter träumen, es hatte sich ein grünes Ruheplätzchen ausgesucht, wo es sich bequem niederließ, die Lüfte wehten gar mild und süß, die Ruinen schienen zu sprechen und zu seufzen.

Die Dichter sagen, so begann es, dass die Natur sprechen könne, die Sage spricht von Sonntagskindern, welche Geister sehen können. — Nun, ich bin so ein Sonntagskind, also will ich meine Augen und Ohren öffnen. Kommt, liebe Edelfalken, Tauben, niedliches Eidechschen, kommt, erzählet mir etwas aus der Vergangenheit.

Da kreisten Dohlen über den Ruinen. Kroax! Kroax! krächzten sie, die werden dir einen schönen Unsinn vorerzählen.

»Frage uns, wir wissen es genau.« Und eine alte, graue Dohle hüpfte plump näher heran. »Ich bin viel älter als Alle«, krächzte sie, »weiß ich doch am meisten, habe vom Leichenfett der Türken genossen, die hier am Burgberge erschlagen wurden. Ja, holde Träumerin, Du sitzest auf Türkenknochen, auf Blut — Kroax! Blut!«

»Du bist entsetzlich«, rief das Mädchen aus, »geh', trolle dich weiter, du Totenvogel, ich will nichts von dir wissen, ich will von Leben und Lieben nur hören, nichts von Krieg und Tod. Lass den edlen Falken reden.«

»Edles Fräulein«, hub der Falke an und flog graziös

um das Haupt der kleinen Träumerin in sanftem Kreis herum, »schöne Maid, gern erzähle ich Dir aus alter Zeit, Dein schönes Liedchen hat längst Vergangenes in mir neu erweckt. Ich kann Dir leider nicht Selbsterlebtes erzählen, denn ich bin schon in moderner Zeit geboren, in der Zeit, wo die Edelfalken zu nichts mehr taugen«, setzte er treuherzig hinzu. »Ich weiß jedoch viel durch meine Vorfahren. Mein Urgroßvater war noch der Edelfalke des Fräuleins dieser Burg, unsere ganze Familie diente der Jagd und den Rittern und treu haben wir alle Familientraditionen bewahrt, wir erzählen sie unseren Weibchen stets während der Brutzeit und diese sagen es dann den Jungen wieder, so vererbt sich das. Ja, meine Voreltern trugen Samtkäppchen und saßen den Knappen, Rittern und Fräulein auf der Schulter.«

»Nun, so erzähle mir eine Liebesgeschichte aus dieser Zeit, bitte, lieber Falke«, bat das Mädchen.

»Kroax!« krächzte der Rabe, der sich in Alles einmengen musste und Niemanden zum Wort kommen ließ. »Kroax!«

»Liebesgeschichten! die endigen alle mit Blut. Will Dir die Schwärmerei schon benehmen, kleine, einfältige Träumerin. Soll Dir der Falke etwa von Frau Jukunden erzählen, die es hier in der Burg so manches Jahr toll getrieben? Von der stolzen, schönen Jukunde mit dem rabenschwarzen Haar, deren Herz so grausam und böse war, dass sie dem Bettler einen Stein statt einen Bissen Brot gab? Ihr Gesponse, der edle Ritter Arnold, war eines frommen, guten Gemütes, dies behagte ihr nicht, sie bekamen einen Streit, als er ihr eines Tages ihr böses Thun vorwarf. Jukunde ließ Ritter Arnold binden und knebeln und in das tiefste Burgverlies werfen. Ja, das Weib war böse und hart. Ein Feldherr hätte sie werden sollen, ein Leichenlieferant! In damaliger Zeit entledigte man sich durch Burgverliese der überdrüssigen Ehegatten. — Jeder war selbst Richter.«

»Es war wenigstens kein langer Scheidungsprozess nötig«, sprach der Spottvogel drein, der aufmerksam zuhörte.

»Ja, wir wissen das«, sagte eine dicke, aufgeblasene Kröte, »in Ketten schmachtete Arnold im Burgverlies, ich wohnte dort, ich weiß es, ich bin viel älter, als ihr Alle. Es war herrlich, kühl und feucht im Verliese. Den Leuten sagte Jukunde, ihr Gatte sei gestorben. Da sie sehr reich war, kamen nun der Freier viele. Und während im Rittersaale die Trompeten erschallten, die Musik zum Tanze aufspielte und der goldige Wein in den Pokalen perlte, schmachtete Ritter Arnold im tiefen Burgverlies.«

»Schauerlich!« rief das junge Mädchen aus, »und du, abscheuliche Kröte, sahst das Alles?« »Ja wohl«, sprach die Kröte und blies sich stolz noch einmal so dick dabei auf. »Wetze nicht mehr deinen alten Schnabel, Dohle, ich erzähle es weiter, ich weiß es besser, — du, Leichenfresser, erzählst dann weiter, wenn es zum Sterben kommt, ich will nichts vom Sterben wissen.«

»Es war eben ein großes Festgelage, Jukundes Herz, das stets so kalt und hart war, schlug heute in toller Liebe und von Leidenschaft entbrannt dem stattlichen Ritter Egbert entgegen. Heute musste sie sein Herz erobern, sie hatte es sich vorgenommen. Egbert war jedoch Bräutigam der edlen Jungfrau Hulda vom Adlerstein, deshalb war auch sein Herz allen Verführungskünsten der schönen Jukunde gegenüber kalt geblieben. Doch heute sollte Egbert der Ihre werden, das stand fest bei Jukunde. Ein prachtvolles Samtbrokatkleid schloss sich um ihren schlanken Leib, in den schwarzen Flechten waten Perlenschnüre eingeflochten, die schwarze Samtwitwenhaube stand ihr wohl zu Gesicht. Ja, sie war eine königliche Schönheit.

»Kroax!« schnurrte die Dohle drein, »zum Fressen

lieb. Kroax!«

»Schweig', alte Dohle«, brummte die Kröte, »die Reihe, zu sprechen, kommt erst später an dich.« —»Jukunde blickte Egbert mit ihren dunklen Augen an, so dass es ihn ins Herz traf. Nun reichte sie ihm den Pokal mit dem perlenden Wein zum Trunke hin, er legte den Arm um ihre schlanken Hüfte und wollte eben den Becher an die Lippen führen« — —

»Kroax, Kroax! ich bin daran«, schrie die Dohle ungestüm, — »als eine Hand, zart und weiß, seinen Arm fest hielt und den Becher aus seiner Hand schleuderte. Alle sahen sich ganz erschreckt um, da stand ein bleicher, hagerer Mann mit langem, braunem Bart und hohlen Augen, an seinem Arme die holde Hulda vom Adlerstein. — Jukunde stieß einen Schrei aus.

»Arnold!« rief sie, »Arnold, ist es Dein Geist?« »Nein, es ist nicht sein Geist«, sprach Hulda mit klarer Stimme, »er ist es selbst, Dein Gatte, Ritter Arnold, den Du, böses, grausames Weib, schon seit drei Jahren im Burgverlies schmachten lässest. Ich habe ihn befreit. Sieh', wie sein Haar erbleichte, sieh' die hohlen Wangen, sieh', wie ihn ein Todesfieber schüttelt, das ist Alles Dein Werk, Du böses Weib. Und nun, da Du mir mein Lieb stehlen willst, bin ich gekommen, Deine Sünden zu rächen. — Knappen, Knechte, packt sie, fort mit ihr in das Burgverlies.

Und die Leute, die sie früher misshandelt hatte, nahmen Frau Jukunde, warfen sie im prunkenden Sammetgewande hinab in das tiefe Burgverlies. Ja, so war es. Als man des anderen Tages der harten Frau auf Bitten ihres guten Gemahls die Freiheit geben wollte, fand man sie erstochen im Blute schwimmend, — führte sie doch immer den kleinen venezianischen Dolch bei sich.«

»Mit dem erstach sie sich«, sagte die Kröte geschäftig, »ich sah es. Und als sie sich die Waffe in den weißen, vol-

len Busen senkte, seufzte sie: Es ist um Dich — süß' Egbert.«
»Ja, und ich fraß von ihrem Leichnam«, krächzte die Dohle. — »Ich fraß von ihrem Leichnam!
»Gott! das ist eine schauderhafte Geschichte«, sagte das junge Mädchen, »nein, so etwas wollte ich nicht hören.«
»Bitte, schweigt einmal, Dohle und Kröte; liebe Falken und Tauben, redet ihr.«
»Das nennt man Dankbarkeit für diese Mühe«, blies die Kröte giftig hervor und verkroch sich in den alten, zerfallenen Kellern der Burg.
Und der Falke hub fröhlich an: »Im dunklen Walde, dort wo Rehe und Hirsche wohnen, wo im hohen Farnkraut Käfer spielen, dort wo die Drossel singt, die Taube girrt, da stand das Fräulein Herta, ganz so, wie es im Liede steht, das Du sangst, und sprach mit dem Geliebten, dem jungen, tapferen Ritter Wolfgang. Er hatte ihr den goldenen Reif an den Finger gesteckt und sprach: »Herta, nun bist Du mein und kein König der Erde, und wäre er noch so mächtig, soll Dich rauben oder sein eigen nennen!« —. »Und ich werde Dein treues Weib sein, mein Wolfgang, treu bis zum Tode!« Und sie schieden.
»Gurr, gurr«, schwirrte die wilde Taube, »ja, so war es und die Nachtigall flötete ihr Liebeslied dazu. Die Äste der Bäume wiegten sich hin und her, als wollten sie das Liebespaar schützen; das Reh blieb stehen in seiner Flucht und äugte sie mit seinen klaren Lichtern an — so war es.«
»Mein Urgroßvater, Hertas Edelfalke, war dabei«, sprach der Falke weiter.
»Hertas Vater war ein mächtiger Fürst, der viele Burgen besaß, und Wolfgang war sein Vasalle, er besaß nur eine Burg und war nicht reich, doch mächtig an Tapferkeit und Edelsinn. Nur der Fürst von Geierburg, Hertas Vater,

wollte nichts von Wolfgang wissen.

Herta sollte dem jungen Ritter Prinz Heinrich folgen, den wollte er zum Schwiegersohne haben. Und wenn der Fürst von Geierburg mit den Rittern, Vasallen, den Frauen und Fräulein auf die Jagd ritt, so war gewiss Wolfgang der Erste, der Gewandteste allüberall, und Prinz Heinrich gar ungeschickt.

Herta verfolgte die hohe, stramme Gestalt Wolfgangs, der einem Recken gleich das Wildschwein mit dem Speere niederstach; ihre Augen funkelten vor Freude, so oft sie ihn so mächtig sah; doch das Alles konnte ihres Vaters Herz nicht erweichen.«

»Und nun lasst mich erzählen«, zischelte die kleine, stille, gelbe Eidechse.

»Ich wohnte in einer Mauerspalte der Burg, knapp unter Hertas Erkerfenster. Da schaute sie des Nachts, wenn der Mond schien, still hinaus und hinüber nach jenen Felswänden, wo Wolfgangs Burg wie angenagelt stand. Heute standen ihr Tränen in den Augen, sie fielen still hinab zu meiner Mauerspalte und haben mir des Fräuleins Leid geklagt. Heute war das große Turnier gewesen, Herta hatte den ersten Preis zu verteilen gehabt, den großen, goldenen Pokal, den Kranz, — Wolfgang war der Sieger. Er hatte Prinz Heinrich zweimal aus dem Sattel gehoben. Ach, wie ingrimmig kämpften doch die Beiden, mit welchem Herzklopfen saß Herta da. Als sie ihm den Pokal reichte, da berührten sich ihre Finger, er hatte ihr den Ringfinger heftig gedrückt und gesprochen: »Mein auf e-wig!« — sie beugte sich über ihn, gab ihm den Kranz und sprach leise: »Dein!« Und ihr Vater, der das bemerkte, ward voll Ingrimm. Morgen, morgen sollte ihre Verlobungsfeier mit Prinz Heinrich sein oder man sperrt Dich ein in ein finsteres Burgverlies, wo keine Sonne jemals hineinscheint, hatte ihr Vater gesagt, und er war — ein

Mann, ein Wort.«

»Falke, treuer Falke mein«, sprach Herta, »fliege hinüber zu seiner Burg, bringe ihm diese Kunde, sage ihm, heute noch im Walde bei der großen Buche.«

Und der Edelfalke, mein Urgroßvater, flog in raschem Fluge hinüber zur Felsenburg Wolfgangs. Er stand am Fenster im Mondlicht und harrte schon der Kunde. Flugs war der Hengst gesattelt — und Wolfgang tief im Walde. Herta harrte seiner.

»Geliebter«, sprach sie, »mein Vater ließ mir die Wahl: Prinz Heinrich zum Gemahl oder das Burgverlies, ewige Gefangenschaft. Das Hochzeitsgewand liegt schon in der Truhe, die Burg wird festlich geschmückt, morgen früh kommt Prinz Heinrich mit dem Hochzeitszuge, die Hörner erklingen, der Priester ist da, ach, Wolfgang, rette mich!«

Und Wolfgang umschlang sie mit beiden Armen stark, sie schwang sich auf den hohen Zelter und fort ging's — mein Urgroßvater, der Falke, saß ihr auf der Schulter — durch Nacht und Nebel in Wolfgangs Schloss. — »Lasset die Brücken herab, haltet Euch in Bewaffnung«, rief Wolfgang seinen Mannen zu.

»Nun und dort?« fragte das junge Mädchen, »erzähle nur ordentlich aus, dort heirateten sie wohl gleich?«

»Ei bewahre«, erwiderte der Falke, »dort übergab Wolfgang seine Braut seiner guten, alten Mutter Ursula, dann zog er fort in den Kreuzzug.«

»Das ist zu arg!« rief das junge Mädchen aus, »fort zog er?«

»Ja«, sprach der Falke, »der Fürst versuchte einen Angriff auf Wolfgangs Burg, die jedoch uneinnehmbar war. Nun aber war der Fürst mit seinen Vasallen schon zum Kreuzzug versprochen, er musste dem Kaiser und ihm mussten seine Vasallen folgen, so zogen denn Alle fort.

Herta aber blieb bei Wolfgangs alter Mutter, Frau Ursula — ihre eigene Mutter war schon lange gestorben. — Herta pflegte Frau Ursula, sie sah in Burg, Hof und Feldern nach, sie spann am Rädchen, fromme Lieder singend, sie half den Armen und wartete Tag um Tag, Mond um Mond auf Wolfgangs Heimkehr.«

»Ach, wie schrecklich«, seufzte das Mädchen, »und damals gab es keine Post, keine Eisenbahn, keinen Telegraphen.«

»Es war wohl eine harte Zeit«, sprach der Falke, »aber Arbeit, Gebet, Hoffnung und Liebe sind kräftige Freunde. Da, eines Tages hörte man Trompetenschall, Banner wehten, Rosshufe erdröhnten und der Gesang eines heiligen Liedes aus starken Männerkehlen war vernehmbar.

»Sie kommen!« hallt es durch die Burg. Da weht Hertas Fahne, die sie Wolfgang mitgegeben hatte, hoch gen Himmel mit dem Spruche: »Für Gott und mein Lieb'!« Die Zugbrücken werden herabgelassen, Frau Ursula, auf Hertas Arm gestützt, und der alte Schlosskaplan gehen ihnen entgegen.

»Und da stürzten sie sich in die Arme und küssten sich endlich?« rief das Mädchen ungeduldig aus.

»Halt, mein liebes Kind«, entgegnete der Falke, »noch nicht, — Ritter Wolfgang beugte das Knie vor seiner greisen Mutter und sprach: Frau Mutter, Euren Segen, — holde Braut, Deine Hand! Sie nahmen ihn in ihre Mitte, die alte Mutter, die liebliche, schöne, junge Braut, sie begaben sich Alle in die Kapelle, wo ein Tedeum gefeiert wurde. Nach dem Gottesdienste trat Wolfgang zu Herta heran und sprach vor allen Anwesenden — mein Urgroßvater saß ihr immer auf der Schulter, denn sie liebte ihn gar sehr, die holde Herta — mit lauter Stimme: Edle, teure Braut! nun darf ich Euch so ansprechen — dieses Schreiben enthält den Segen Eures Vaters zu unserem Bunde. Und da wurden sie nun bei Kerzenschein feierlich getraut. Der Mond sah dem Allem durch die spitzen Bogenfenster der Kapelle zu.

Wolfgang war mit Auszeichnungen bedeckt heimgekehrt, hatte dem Fürsten von Geierburg dreimal das Leben gerettet, zuletzt aber fiel er, von feindlichen Waffen getroffen. Sein letztes Wort war ein Segensspruch zu Wolfgangs Verbindung mit Herta.«

»Das war einmal ein gutes Ende«, rief das junge Mädchen freudig aus. »Dank, Dank, lieber Falke. Auch dir, Eidechse, Taube — endlich euch, Dohle und Kröte — Dank.«

»Kroax, hat nichts zu sagen«, sprach die Dohle verdrossen. »Willst Du nichts von Türkenfleisch hören, und wie sie ihnen Pech auf die Köpfe gossen, dann die Türkenmädchen raubten?«

»O nein, ich will nichts von Raub und Mord hören, das gibt's heute auch noch. Unsere Kanonen sind weit ärger, als das heiße Pech. Aber treue Ritterliebe, die gibt's selten«, seufzte das Mädchen. Und nun war der Mond aufgegangen. »Ich muss nach Hause«, sprach sie. »Ja, er kommt ja doch bald auf Urlaub; gottlob liegt er nur in Stockerau und nicht in Jerusalem und ich werde warten bis — bis er Rittmeister wird.«

Enzian.

> »Ich bringe Unsterblichkeit dein,
> der sich selbst vergisst.«

Prinzessin Jolanta war des Königs einziges Kind und daher etwas verwöhnt. Alles ging ihr nach Wunsch, sie brauchte bloß etwas zu begehren, da hatte sie es auch schon.

Eines Nachts träumte es der Prinzessin von einer wunderschönen Blume; sie war von einem Blau, wie sie es noch nie gesehen, die schlanken Kelche wuchsen so schön am Stiel; solch eine wunderliebe Blume hatte Jolanta noch nirgends gefunden.

Als sie vom Traum erwachte, weinte sie laut und begehrte nach der Blume, aber Niemand wusste, welche Blume sie meinte.

Sie setzte sich hin und malte sie ab, da staunten Alle; so was gebe es auf Erden nicht, meinten die Naturforscher.

»Ich will und muss diese Blume haben«, rief Jolanta aus, »und der sie mir bringt, dem gebe ich Herz und Hand.«

Als der König sah, dass mit ihr nichts anzufangen war, berief er den Reichstag; alle Ritter und Herren des Landes mussten erscheinen, es wurde ihnen die Abbildung von Johantas Blume gezeigt und der König erklärte, dass der Überbringer dieser Blume seiner schönen Prinzessin Gemahl würde.

Die Ritter zogen nun aus in fremde Länder, um die Blume zu suchen, denn Jeder wollte gern der Schwiegersohn des Königs und Jolantas Gemahl werden.

Enzi war der Sohn des Kanzlers und Jolantas Spielgefährte von Kindheit an. Er war auch im Reichstag zugegen, und da er Jolanta in aller Stille gar sehr liebte, dachte er sich: »Ich muss die Blume entdecken und koste es mein Leben.«

Er rüstete sich zur Reise. Als Jolanta dies hörte, ließ sie ihn zu sich bescheiden, denn im Geheimen mochte sie ihn wohl auch.

Enzi trat vor Jolanta. »Du ziehst aus, um die Blume meines Traumes zu suchen?« fragte sie und ihr Herz schlug laut; »lass ab davon, es ist gewiss Gefahr damit verbunden.«

»Umso lieber gehe ich, die Blume zu suchen«, sprach Enzi. »Gehe ich doch nur wegen Dir, holde Johanta, in die Gefahr. Aus Deinem Munde hätte ich noch gerne die Beschreibung der Blume.«

»Kein Mensch wird jemals die Blume finden«, sagte Jolanta traurig; »sie ist durch einen Zauber gebannt, die Zwerge halten sie in ihren Bergen verschlossen, denn, als ich die Blume im Traume sah, stand ein Zwerg dabei und drohte mir mit dem Finger. Wenn Alle ihr Leben wagen, so sollst Du es nicht, teurer Enzi, denn ich habe Dich lieb.«

»Und ich liebe Dich noch tausendmal mehr!« rief Enzi aus. »Deshalb sollst Du die Blume nur aus meiner Hand empfangen.«

»Geh' nicht fort«, bat Jolanta, »sieh', Keiner wird die Blume finden, ich weiß es. Ich liebe Dich mehr als die Blume.«

»Hoho!« tönte des. Königs Stimme hinter dem Ofenschirm. »Oho! so ist's nicht; ich habe mein königliches Wort dem ganzen Reichstag gegeben, das muss eingehalten werden. Diesmal bleib' ich fest, da hilft kein Bitten. Du wirst die Gattin desjenigen, der die Blume bringt, und wenn sie Keiner bringt — eine alte Jungfer. So ist's und so bleibt's«, und der König blickte ernst drein.

Jolanta erschrak gar sehr, denn eine alte Jungfer mochte sie nicht werden, also gab sie Enzi einen Kuss — dazu noch vor dem König — und ließ ihn ziehen.

Viele von denen, die ausgezogen waren, um die Blume zu suchen, kehrten heim aus fernen Ländern sie brachten allerlei blaue Blumen mit, — aber nur Jolantas Blume nicht.

Enzi allein war noch nicht zurückgekehrt.

der Da Jolanta meinte, es läge eine Zauberkraft in Blume, so war Enzi in den so genannten Zauberwald geritten. Dort befand sich eine Grotte, die von Geistern beherrscht war und in welche sich Niemand getraute. Da werde ich die Blumen finden, dachte er.

Es war Abend geworden, als Enzi in die Grotte trat. Hier wollte er bis Mitternacht warten. Müde vom Gehen schlief er ein. Plötzlich weckte ihn ein greller Schein, der ihm in die Augen fiel. Er blickte auf, — da stand ein Zwerg vor ihm mit langem Bart, in der Hand hielt er einen großen, funkelnden Diamantstein, das war seine Nachtlampe, und in seinem Gürtel steckte ein Strauss der blauen Blumen, von welchen Jolanta geträumt.

»Nun hab' ich's!« rief Enzi aus und packte mit der einen Hand den Zwerg am Barte, mit der andern griff er nach den Blumen. — Doch seine Hände blieben wie festgenagelt am Bart und Gürtel des Zwerges haften; er konnte sie nicht los machen.

»Nicht so ungestüm, Menschensohn!« rief der Zwerg. »Nun bist Du gefangen, wie die Maus in der Falle. Glaubtest Du, mir so mit einem Handgriff mein Geheimnis zu entreißen? Was ist Dein Begehr', sprich, eher lass ich Dich nicht los.«

»Lieber, hochverehrter Zwerg«, sprach Enzi, »verzeihe mein Ungestüm, bitte, gib mir nur Deine blauen Blumen.« Und Enzi erzählte dem Zwerge die ganze Geschichte von

Jolantas Traum.

»Das weiß ich Alles schon längst«, kicherte der Zwerg. »Ich gab der übermütigen Prinzessin, die Alles hat, wonach ihr Herz begehrt, den Traum ein, damit sie etwas sehe, was sie nicht hat, und nun wird das ganze Reich darüber toll.« Und der Zwerg fing an so zu lachen, dass er Enzis Hände abschüttelte. — Enzi war frei und griff nach seinem Schwert.

»Um welchen Preis gibst Du mir die Blume? sprich Zwerg«, rief Enzi aus.

»Um den Preis Deines Lebens«, antwortete der Zwerg. »Ich besitze nun Alles, nur eines nicht, die Unsterblichkeit, das heißt eine Seele. Die bekomme ich, wenn Du mir Dein Leben opferst. Gib mir Dein Ehrenwort aufs Ritterschwert, dass Du von heute an in dreizehn Monaten wieder hier in dieser Grotte erscheinst, um mir Dein Leben zu lassen, so sollst Du die Blumen haben.«

Enzi dachte nach. »Ein langes Leben ohne Jolanta ist eine Qual«, sprach er. »Habe ich die Blume, so wird sie mein Weib und ich habe ein Jahr des Glückes.« — »Wohlan, es soll sein«, sagte er zum Zwerg, »ich schwör's bei meiner Ehr' und Ritterschwert!«

»Ich glaube Dir«, erwiderte der Zwerg, »weil Du treue Augen hast, — hier nimm die Blume, sie heißt wie Du: Enzian; es ist eine Zauberblume, die die Pforten der Berge erschließt, wenn man den Spruch dazu kennt.«

»Den Spruch brauche ich nicht«, sagte Enzi, »wenn ich nur die Blume habe, sie erschließt mir Jolantas Herz, das ist kostbarer als aller Zauber der Berge.«

»Auf Wiedersehen, schöner Ritter«, grinste der Zwerg, »heute über dreizehn Monden!«

»Auf Wiedersehen!« antwortete Enzi.

Von Glück strahlend erschien nun Enzi mit den blauen Blumen vor Jolanta.

»Ja, das sind meine geträumten Blumen!« rief diese hocherfreut aus; »bitte, Vater, besieh' sie Dir, sie sind genau wie meine Beschreibung.«

»Genau so«, sprach der König und ließ Hochzeit halten. Die Freude im Lande war sehr groß, als Jolanta nach einem Jahre einen Sohn gebar; er wurde nach der Blume Enzian genannt.

Alle jubelten, nur Enzi ging mit schwerem Herzen herum, — noch einige Tage und er musste all seine Glückseligkeit verlassen und in den Tod gehen.

Jolanta merkte wohl seine Traurigkeit, sie war von zärtlicher Liebe erfüllter denn je, aber Enzi sprach kein Wort.

Nun kam der Tag des Todes.

»Süße Jolanta«, sprach er, »ängstige Dich nicht, sollte ich heute spät heimkehren, ich habe einen starken Hirsch im Walde gespürt, der muss erlegt werden.« Er küsste sie und seinen lieben, kleinen Sohn und eilte fort.

Jolanta aber blickte ihm nach und sprach: »Es geht um sein Leben, o Schutzgeist sei zur Stelle!« und sie betete lange für den geliebten Enzi.

Enzi trat in die Grotte ein: »Ein Jahr des ungetrübten Glückes, mein Gott, hab' Dank!«

Da stand der Zwerg vor ihm und hinter diesem der grimme Tod mit der Sense. »Ich sehe, Du hältst Wort«, sprach der Zwerg. »Ist aber auch gut, denn sonst hätte ich die Frau Cholera in Dein Reich geschickt, die hätte Euch dann Alle geholt; so, nun lege Deinen Kopf auf mein kleines Knie und der Tod fegt ihn Dir weg.«

»Lasse mich vorher zu meinem Gotte beten«, sprach Enzi. — Er kniete nieder, betete laut und empfahl seine Seele, sein Weib und Kind in Gottes Hand, dann legte er seinen Kopf auf des Zwerges Knie. Als der Tod die Sense schwang, — da trat plötzlich ein Engel Gottes dazwischen.

»Halt, Tod halte ein!« rief der Engel; »über Dir steht Einer, dem Du allein zu gehorchen hast, — Gott der Herr! Armer, unwissender Zwerg, durch einen Mord, durch Menschenblut erwirbst Du Dir die Seele nicht; das Leben der Menschen gehört Gott allein, sonst hat Niemand Gewalt darüber. — Tod, entferne Dich! Zwerg, gehe heim und denke nach über das Urwesen, Gott genannt, über Den, der die Kraft hat, unsterblich zu machen, und Gott wird auch Dich erleuchten! — Komm' Enzi, gehe heim zu Frau und Kind, durch Dein Gebet hast Du den Tod überwunden, ein anderes Mal verpfände Dein Leben nicht an Zauberkraft!«

»Und ich bin nun um meine Blumen gekommen«, brummte der verblüffte Zwerg.

»Nie«, sprach Enzi und reichte ihm gütevoll die Hand, »denn der Enzian wird uns an Dich erinnern; wir werden Gott bitten, Dir eine Seele zu geben, vielleicht öffnet Dir der Enzian noch die Pforte des Himmels, — sei getrost!«

Jolanta war die Nacht nicht schlafen gegangen, sie stand am Fenster und wartete auf Enzi, — da kam er.

»Gelobt sei Gott!« rief Jolanta aus. »Erzähle nun Alles, Enzi, Du warst in Lebensgefahr, nicht wahr?«

Und nun erzählte ihr Enzi Alles, wie er die Blumen gefunden, wie ihn sein Schutzgeist gerettet. »Ich hatte ihn so inbrünstig angerufen«, bemerkte Jolanta.

Sie beteten nun Beide eifrig für den Zwerg. — Eines Nachts erhellte sich plötzlich ihr Schlafgemach, der Zwerg stand vor ihnen. »Habt Dank für Euer gutes Gebet«, sagte er; »Gott hat Euch erhört, ich soll nun eine unsterbliche Seele bekommen und werde Euer Söhnlein werden.«

Und richtig gebar Jolanta einen Sohn, den sie Gottfried nannten.

Die Lebensgeschichte eines Kreuzers.

Wo ist der Tag, an welchem ich aus dem Münzamt schön, goldbraun, glänzend wie ein Dukaten mit Tausenden meiner Brüder erschien? Ach, wie entfernt erscheint mir jetzt dieser Tag; doch wie unvergesslich. Ja, das Gefühl, so neu und frisch geboren, so rein und makellos zu sein, ist herrlich. Wie Vieles hat sich mir seit diesem Tage angeklebt, wie viel Schmutz hat sich mir im Laufe der Zeit angesetzt, wie viele Gedanken haften mir an, wie viele Verwünschungen, dass ich — nur ein Kreuzer — sei, haben mich verfolgt, wie viel tausend Hände haben mich angefasst; ach, was klebt nur Alles an mir armem, einfachem Kreuzer!

Ich möchte euch Einiges aus meinen Lebensschicksalen erzählen, das ist doch nicht gar so uninteressant, glaubt mir's. Freilich so großartig und vornehm, wie die Geschichte eines Dukaten es wäre, kann meine Erzählung nicht sein, schlicht, einfach, bürgerlich ist sie.

Aber was wäre denn der hochmütige, eingebildete Dukaten ohne uns Kreuzer? Er zählte gar nicht, er besteht ja nur durch uns. Na, streiten will ich nicht, dass aber die Menschen uns Kreuzer, das so genannte Kleingeld, brauchen, das ist sicher. — Viel Kleingeld macht Großgeld, — und das Geld, das lieben die Menschen; ohne den Klingklang gibt es ja nur Hunger, Elend und Not. Ich will nun das Philosophieren lassen, ihr habt ja doch Jeder eure eigene Meinung in stiller Privaterfahrung über das Geld. Aus dem praktischen Leben will ich erzählen.

Also, wir kamen zu Tausenden neu gebacken aus dem Münzamt, wir lustigen Kreuzer. Wie wir so hin und her klimperten, da gefiel mir ein Kreuzer ganz besonders gut. »Ach«, sprach ich zu dem besonders lieben Kreuzer,

»wenn wir Beide mit einander so durchs Leben gehen könnten, wie schön wäre das.« — »Es wird doch nichts daraus«, erwiderte mein Freund, »wir sind ja alle gleich, erkennen können wir uns nicht, nur am Klang, den ich habe. Passe einmal auf, wie ich klingen werde, merke dir den Ton gut.«

»Ja, und dein Versprechen. Wir gaben uns ja unser Wort, — das ist auch etwas, das kann sich nicht abwetzen im Laufe der Zeit; das Wort ist eine geistige, aber ewig bindende Sache; Freund, halte das fest!« Da — kling kling! so, das war der Ton, der Abschiedsseufzer meines Freundes, als er zu allen Anderen in das Säckchen fiel; ich merkte mir', Keiner tat es so wie eben er.

Zuerst kam ich in ein Bankhaus und blieb da eine Zeit lang ruhig liegen; dort lernte ich aber alle anderen Geldsorten kennen, — die sämtlich aus Kreuzern bestehen. Ich habe gefunden, dass die Kreuzer und Sechser (Silber-Zehnkreuzermünze) und Gulden die lustigsten Kerle sind, was wissen die alles für drollige Dinge, was haben die erlebt! Sie duften wohl etwas nach der Weinstube und nach dem Gewürzkrämer, aber sie sind voll Witze und Schnurren. Der Fünfer (Fünf-Gulden-Banknote) ist schon elegischer, aber doch noch urwüchsig; der Zehner wird schon solid bürgerlich und da fängt die Einbildung, das Selbstbewusstsein an, »dass man was ist.« Zehn von uns ist ein Hunderter! Die Finanz und der kleine Adel fangen bei den Fünfzig- und Hundert-Gulden-Banknoten an, da beginnen auch die großartigeren Geschichten. »Als ich gewechselt wurde«, sprach ein Hunderter, — »da gab's hunderttausend Kreuzer«, lachte ein alter, schmieriger Kupfergesell. Alles lachte hierauf mit im Schranke.

»Sprich doch nicht mit dem gemeinen Gesindel«, seufzte ein gelangweilter Tausender, »du vergibst dich nur, wir konzentrieren den ganzen Stock in uns.« Es war ein solches Disputieren in dem Geldschrank drinnen, dass ich froh war, endlich aus ihm heraus zu kommen.

Die erste Freude meines Lebens war eine fröhliche Kinderstimme. »Ein neuer Kreuzer!« rief das kleine Mädchen aus, »wie er schön glänzt, Mama, ist er von Gold?« »Nein, es ist nur Kupfer«, erwiderte die Mutter. Dieses »nur Kupfer«, ist für einen ehrlichen Kreuzer schwer zu hören. Doch das kleine Mädchen freute sich über mich, es küsste mich auf beiden Seiten und hielt mich fest in dem Händchen, es tat mich dann in ein winziges Geldtäschchen, wo ich allein wohnte. Es tat mir sehr wohl, mich so geschätzt und geliebt zu wissen, — diese meine erste Liebe bleibt mir auch unvergesslich. Eines Tages nun ging die Mutter mit ihrem Töchterchen spazieren, wir begegneten einem Blinden, der von einem Knaben geführt wurde. »Ein armer Blinder!« sprach der Knabe in jämmerlichem Tone und streckte die Hand zum Almosen aus. »Der arme Mann, sieht er gar nichts?« fragte meine kleine Gönnerin. »Nein«, sprach die Mutter, »sieh', er bittet um Almosen, — du hast doch Geld?« —aber nur meinen schönen, neuen Kreuzer«, erwiderte schüchtern das Kind und blickte fragend auf die Mutter. »Ich habe kein Geld bei mir«, sagte diese. Das gute, kleine Mädchen zog nun sein winziges Geldtäschchen hervor, nahm mich heraus, sah mich noch einmal an und so wanderte ich aus dem Rosenhändchen des Kindes in die schmutzige, schwarze, hagere Hand des Bettlers.

Ich hörte noch, wie das Kind sagte: »Der arme Blinde kann nicht schien, wie schön der Kreuzer glänzt.« Ich war sehr traurig. Da kam ich in einen ekelhaften Lederbeutel unter lauter schmutzige und klebrige Kreuzer, auch Silbersechserle waren dabei, die waren noch stolz auf das bisschen Silber, das ihnen anhaftete. In dem Lederbeutel war so eine schlechte Luft. Als ich hineinkam, lachten die abgelebten, durchtriebenen und vielerfahrenen Kreuzer. »Ha, ein Neuling, der hat noch Glanz. Warte, Freund, du wirst bald so schwarz sein, wie wir!«

Ich befand mich in einer recht gemeinen Kneipe, doch hange blieb ich nicht drin; der Blinde hatte meinen Glanz freilich nicht gesehen, dafür aber der Junge, der ihn führte, deshalb nahm er mich auch aus dem Lederbeutel und steckte mich — in seine Hosentasche.

Der Blinde wohnte in einem gräulichen Loche oder Keller; der Knabe musste ihm vorrechnen, was er den Tag über eingenommen hatte.

»Es fehlt ein Kreuzer!« brummte der Alte. »Ich habe jede Münze angefühlt, bevor ich sie in den Beutel tat, es waren dreißig Kreuzer und drei Sechserle, — eine lumpige Einnahme! Wo ist der Kreuzer?« schrie er, »her damit, hast wieder einmal gestohlen!« Und nun hob er den Stock auf, um den Knaben zu schlagen. Doch der hatte sich verkrochen und lachte höhnisch: »Schlag' mich nur, blinder Wüterich!«

Nun ging ein Fluchen und Toben, ein Lachen und Spotten an, dass es gräulich war.

»Wenn Du nicht ruhig wirst, Alter« sagte der Junge, »so suche Dir einen Andern, der Dich bei jedem Hundewetter herumführt. Jetzt gib Geld her zu Schnaps und Brot.« Und so wanderten einige Kreuzer aus dem ledernen Beutel in die Kneipe für Schnaps, ich aber fiel aus der durchlöcherten Hosentasche des Jungen heraus, worüber ich auch recht froh war. »Unrecht Gut gedeihet nicht«, dachte ich mir.

Da lag ich nun auf der Straße und gehörte Niemandem. Des Nachts schneite es, dann kam Frost, Schmutz, Sturm und Sonne, Alles das kam über mich und ich sah aus wie ein alter, vielgeprüfter Kreuzer und war doch noch so jung. Es war recht langweilig, so allein da zu liegen und nichts zu erleben.

Zeit hatte ich nun, an meinen Freund aus dem Münzamt zu denken. Wie es dem wohl ging? ob der noch frisch aussah? — Doch das Schicksal wacht.

Eines Tages fand mich ein Schusterjunge. »Hallo, ein Kreuzer!« rief er aus, »schade, dass es nicht zwei sind oder ein Vierkreuzerstück, da hätte ich mir eine Bretzel kaufen können. Na, aber für Zuckerkand ist der Kreuzer auch gut.« — »Du gefräßiger, undankbarer Kerl«, dachte ich mir, »sei froh, dass du einen Kreuzer hast.« Fort ging es zum Gewürzkrämer; der Junge bekam Zuckerkand, ich wanderte in eine Lade, wo schon viele meines Gleichen und auch anderes Geld lag; jetzt erst kam ich so recht ins Leben hinein. Dass ich eigentlich noch wenig erlebt hatte, merkten mir die anderen Kupfergesellen, trotzdem ich nicht mehr glänzte, gleich an. Sie klimperten alle wirr durcheinander, ein Jeder sagte, woher er käme, wenn er in die Lade fiel, da hörte man: Von Frau Assessor, Herrn Präsident, Köchin, Diener, Herrn Pfarrer, Mehl, Kaffee, Petroleum, — kurzum jeder Kreuzer musste das letzte Wort sagen, weshalb oder durch wen er da hinein kam. Immer lustig und fidel, sangen die Kreuzer.

Heute am Wirtshaustisch, morgen im Klingelbeutel, heute in einem lumpigen Bettlersack, morgen im Plüschportemonnaie, heute in Bauernhand, morgen beim Fürsten und Adel. Alles mitmachen, lustig und fidel, wenn man auch nur ein Kupferkreuzer ist! Und so war nun mein Leben. Heute vom Bettler geküsst und dankbar begrüßt, morgen am Schanktisch, heute mit den Fingerspitzen ängstlich als schmieriger Kreuzer berührt, morgen in der Kirche im Opferstock, überall bin ich gewesen und konnte nie meinem Freund beggenen, bis ich ihn endlich doch fand.

Es war eine Krankenstube, der arme Kranke lag sterbend im Bett, man weinte um ihn herum, endlich war es aus, man drückte ihm die Augen zu; da ist es bei Manchen Sitte, dass man ihnen die Augen mit einem Kreuzer zudrückt. Ich wurde auf das eine Auge des Toten gelegt, auf dem andern Auge lag auch ein Kreuzer, der fiel herunter: kling kling! tönte es im Sterbezimmer.

Ach, das war er, es war mein Freund aus dem Münzamt, so braun, so alt, so viel erfahren wie ich. So hatten wir uns also doch noch gefunden, beim Toten im Sterbezimmer. Das Wort hatte sich erfüllt. Und mit diesem schönen Schluss will ich enden, Besseres wird wohl nicht mehr kommen.

Das Veilchen.

»Ich bin der Zauber der Liebe.«

Es war im alten Griechenland, in einem Dorfe nächst Athen. Da lebte ein junges Mädchen, Herione hieß es; es war eine Waise und sehr arm. Herione liebte einen Jüngling Namens Eurysteus; er war auch arm, folglich konnten sie sich nicht heiraten, sie hatten kein Geld, um einen eigenen Herd zu gründen, und das war hart.

Da nahm Herione Zuflucht zur Göttin der Liebe, zur Aphrodite. Sie begab sich in der Göttin Tempel, bat dieselbe, ihr zu helfen; sie, die Göttin der Liebe, müsse es doch wissen, wie es zwei Liebenden ums Herz sei, die das Schicksal hart trennt. Darauf ging sie nach Hause.

Abends, bevor sie sich zu Bette legte, wiederholte sie Aphrodite ihre Bitte. Des Morgens, ehe die Sonne aufging, wurde sie durch einen herrlichen Duft erweckt. Sie schlug die Augen auf, da war sie förmlich zugedeckt mit lauter Veilchen. Wie freute sie sich über die lieben, schönen, duftenden Blumen. Rasch wand sie Sträußchen davon. — In Athen feierten sie heute das große Fest des Jupiters, dort wollte sie die Blumen verkaufen. Die Veilchen waren ein Geschenk Aphrodites an ein liebendes Paar. Bisher war das Blümlein nur im Olymp zu finden, aber nun sandte es Aphrodite auf die Erde, den Liebenden zur Freude.

Herione verkaufte alle Veilchen, ja mit Gold bezahlte man ihr die seltsamen, duftenden Blumen. Dreimal ließ die Liebesgöttin den Regen von Veilchen über Herione ausschütten. Dann aber wuchsen die Blümchen in allen Gärten Griechenlands.

Herione und Eurysteus waren aber schon vermählt, sie hatten genug zum Leben und waren glücklich. Ihr erstes Kind war ein munteres Töchterchen mit veilchenblauen Augen und schwarzen Locken, sie nannten es Viola. —

Der Mond und seine Freunde.

Der Mond schien hell auf die Wiese, durch welche ein murmelnder, kleiner Bach floss, an dessen Rändern die Vergissmeinnichte blühten; diese Wiese, der Bach und die Blümlein, das waren des Mondes liebste Freunde.

Und wenn er sie so still lauschig beschien inmitten der hauen Sommernacht, da erzählten sie ihm so manche Dinge, und die Glühwürmchen, diese blinkenden Urenkel des

Mondes, die huschten dann herbei und horchten still neugierig zu. Die Wiese, der Bach und die Blümlein saugten die Mondstrahlen in sich ein und das emsige Geflüster in der Natur dauerte so bis zum ersten Morgengrauen, bis die helle Sonne aufging und den bescheidenen, traurigen Mond verjagte, bis die Menschen mit ihrem Lärmen, Wagengerassel und Peitschenknall erwachten und zu arbeiten begannen.

Es sprach die Wiese: »Heute war doch ein recht heißer Tag, ach, — und ich bin abgemäht worden; alle meine schönen Blümlein liegen geköpft da. Wie herrlich stand mein langes, grünes Gras mit den Blumen in allen Farben; es war doch eine Pracht! Nun bin ich allen Schmuckes beraubt, stehe kahl geschoren da, — ich schäme mich ordentlich, fühle mich so nackt. Und die Grillen zirpten im hohen Grase, die Wachteln sprachen »Tik ta kek«; ihre Nester sind alle zerstört. Ach, das ist ein rechter Jammer! Es ging mir bis ins Innerste, als die grausamen Mäher daher kamen und Alles abmähten; nun werden Gras und Blumen zu Heu.

Lieber Mond, wunderst du dich nicht über mein geschorenes Aussehen? — Es kamen dann die Leute mit großen Harken und legten das Heu in Haufen; Kinder sprangen da herum und bewarfen sich mit Heu, — ja ihnen machte das Spaß, aber mich betrübte es nur. Lieber Freund Mond, sage, hast du nicht Mitleid mit mir?«

Und die Mondstrahlen flüsterten: »Gedenke des Winters, wenn der harte Frost dich durchzieht, wenn deine Erde kalt und starr ist und die tiefe, weiße Schneedecke dich zudeckt, dann schläft Alles den Winterschlaf, das ist deine harte Zeit. Jetzt hoffe noch auf den schönen Nachsommer, sei deines Lebens froh. Gib die Frucht der Erde den Menschen hin, du gibst dadurch den Tieren Leben. Sei getrost, ehrliche, gute Wiese, tue deinen Dienst, murre nicht. Ich werde auch im Winter meine Strahlen über die weiße Schneedecke breiten, die dich vor den Frösten schützt. Sei getrost, ich verlasse dich nicht!«

Der gute Mond hatte die Wiese so schön getröstet, dass sie wieder ganz froh war und ihren Grashälmchen zulispelte: »Habt guten Mut, — ihr wachset wieder frisch auf, es kommt der schöne Nachsommer, der gute Mond hat es gesagt.«

»Ach freilich war's heute ein heißer Tag«, seufzten einige Vergissmeinnichte an Baches Rand. »Ohne das traute, kühle Bächlein da wären wir verdorrt. Wie grausam klangen doch die Sensen über die Wiese, nun sind sie alle tot, die jungen Blümlein Aber wir leben noch und wollen uns putzen im Mondschein. Ja, wir wollen die lieben Mondstrahlen küssen, so lange es geht«, seufzten schwermütig die Vergissmeinnichte. »So lange es geht«, klang es nach durch die Mondstrahlen. Der Mond wusste es nur zu genau, dass die Vergissmeinnichte schon recht welk waren, die Zeit ihrer Blüte war längst vorüber, das Sterben blickte schon aus ihren gelben Blättern heraus. Doch der brave Mond ließ sie es nicht merken, dass er es so genau wusste, wie alt und welk sie seien. Er küsste die Vergissmeinnichte und sprach: »Freuet euch des Lebens, so lange es geht!«

»Ja, ja, recht heiß war es heute«, murmelte der Bach; »weiß nicht, ob mir ein kalter Wintertag mit dem frischen, muntern Eistrieb nicht lieber ist, als solch ein dumpfer, schwüler Tag. Die Sonne brennt mich durch bis zum letzten Steinchen in meinem Beete. Kein Regen vom Himmel, es ist Alles so dürr! Sieh', lieber Mond, wie wenig Wasser ich habe, ich bin ganz seicht geworden, jedes Kind kann mich durchwaten; ich kann gar keine Wellen schlagen, ich sehe gar nicht mehr stattlich aus. Im Frühjahr, wenn der Schnee schmilzt, da bin ich ja so schön groß, so mächtig wie ein kleiner Fluss! Ach, ich möchte wild brausen über das Ufer hinweg, über die ganze Wiese wie ein Meer! Denn dies kleinliche Gemurmel langweilt mich.« Und als das Bächlein so murrte, warf es ungestüm kleine Wellen über die Steinchen auf dem Grunde hinweg.

Und es sprach der Mond zum Bach: »Leise, leise, lieber Freund! Auch dieses Wasser fließt dem Ende zu; jedes Tröpfchen erreicht das große Meer. Du wirst es schon erleben; fließe Bächlein, fließe, murmle still, Alles geht dem Ende zu, — wirst es schon erreichen!« Und die Mondstrahlen glitten leise über die Wellen des Bächleins hin.

Inmitten der schönen Mondnacht geht ein Mann daher; er besah sich auch den Mond. — »Meines Lebens Sommer ist dahin«, sprach er, »für wen habe ich gearbeitet, mich geplagt und abgehärmt? Sie ist mir geraubt, — sie ist nicht mehr! Der grausame Sensenmann hat sie geholt. Ach, wäre ich nur alt — alt, dem Tode nahe. Wann werde ich das Ende erreichen und was dann?« So sann der Mann nach; er sehnte sich nach der Entflohenen, er wollte gerne sterben und doch hing er am Leben und fragte immer bange: und was dann?

Wenn er die Sprache des Mondes verstanden hätte, so hätte er im Flüstern der Mondstrahlen gehört: »Sie ist nicht verloren, sie ist neu und frisch erblüht im Lande des ewigen Sommers. — Deine Haare sind gebleicht, armer Mann, der Tod sitzt Dir ja im Herzen, bald, bald — wirst es schon erreichen, das Ende — das große Meer. Keiner geht verloren — warte nur, wirst es schon erreichen!

Und die Mondstrahlen küssten leise die Stirne des gebeugten Mannes. —

Die Lilie.

»In der Tugend liegt der Sieg.«

Nirgends wuchsen herrlichere Lilien, als im Paradiese. Doch als Adam und Eva aus demselben vertrieben wurden, blieben die Lilien darin, sie waren zu schön für die raue Erde, die Engel behielten die lieben Blumen.

Als aber der Engel Gabriel der Jungfer Maria die Himmelskunde brachte, dass sie den Heiland gebären würde, da brachte er ihr eine Lilie aus dem Himmel mit zum Zeichen ihrer Reinheit und des Sieges des Guten über alles Böse.

Mit der Erscheinung des Heilandes kamen nun wieder Lilien auf die Erde. Die Lilie ist also eine heilige, liebe Blume, es ist die der Versöhnung.

Leben und Tod.

Es gibt Menschen, die dieses Leben so herrlich und schön finden. Diese Menschen haben viel Geld, schöne Wohnungen, die prachtvollsten Dinge aller Art. Sie essen so viel, dass sie niemals Hunger haben, und sie erheitern sich durch Getränke, Tanz, Gesellschaft und sonst allerhand Vergnügungen. Sie leben in einem Strudel und kommen nie zur Besinnung. Sie kennen keine Entbehrung und haben keinen Wunsch mehr. Haben, wollen, besitzen ist Eins bei ihnen. Das Geld ist ja da zur Befriedigung ihrer Launen. Diese Menschen sind gar fein und nobel, hochgeachtet und geehrt. Sie geben den Ton an in der Welt, die Leute laufen ihnen nach, machen Bücklinge und nennen sie Glückskinder.

Ja, solche Sterbliche leben gern, ach wie gern! Der Tod ist ihnen ein Schreckensbild, über das sie einen dichten Schleier werfen. Nein, sie verlassen nicht gerne ihren Palast, ihr Geld und alle die Herrlichkeiten der Erde, die sie sich so angesammelt haben.

Und ihr eigenes Gerippe inwendig unter dem warmen Fleische sagt ihnen doch: »Einmal musst du dieses Alles verlassen, dann kommt der Tod und das Leben, von welchem du nichts weißt!« Wenn das Gerippe so klappernd spricht, lacht der Mensch — trinkt Wein und sagt: »Jetzt lebe ich und will genießen.« — Damit will er die Stimme ersticken.

Wenn dann so Einer stirbt, so klebt sein Geist an den Dingen dieser Erde, er vegetiert hier fort, er hat keine Flügel und kann nicht fliegen, wird ein Tausendfüssler und kriecht auf der Erde herum, er ist wie der tote, von der Mauer abgerissene Efeu, der mit den dürren Wurzeln umsonst nach einem Halt sucht.

Ja, der gefürchtete Tod ist über dich gekommen, du armer Mensch des Genusses; der Schleier ist gelüftet; dass sich Gott euer erbarme! Euer Tod hat das Reich der Seligen nicht bereichert, die Erde nicht gereinigt, denn ihr klebt ihr noch an, wie die Kletten.

In einer Straßenecke kauert ein kleines Mädchen, es hat kein Heim, keine Lagerstätte, keine Eltern. Nur den kleinen Bruder hat es, den es fest in den Ärmchen hält. Das Kind, im Elend geboren, hat nichts als Elend gekannt. Ihm war immer kalt, — denn nie bedeckte es ein ganzes Kleid; es war niemals satt; dieses grauenhafte Bohren in der Brust, die hohlen Wangen sprachen von permanentem Hunger.

Heute Nacht kauert es in einer ganz verlassenen Straßenecke, den kleinen Bruder in den Armen. Es leuchtet der Mond und die Kleine spricht zu ihm:

»Du lieber Mond, bist wieder da? Wir kennen uns. Bin oft in deinem milden Schein eingeschlafen, du bist so gut. Du lächelst so freundlich, ich habe dich so lieb. — Aber höre, lieber Mond, lass mich heute Nacht nicht schlafen, denn es ist so grausig kalt, ich muss den kleinen Bruder warm halten, so wie es die Mutter tat, bevor sie starr und tot war. Nein, nein, heute darf ich nicht schlafen!« Und die Augen des sanften Kindes blickten groß zum Monde auf. Es war gar müde, die Brust tat ihm zu wehe. »Du Mond«, sprach es, »ist es bei dir nicht so grausig, wie hier? Früher fuhren so viele Wagen durch die Strassen mit geputzten Leuten, jetzt ist Alles so still und leer; wo sind alle die schönen Leute in den Wagen, was tun sie jetzt? Ach, du guter Mond, ich bin so müde, wecke mich auf, oder könntest du mich so starr und tot machen, wie die Mutter damals? — aber der Bruder! Nein, nein, ich darf nicht schlafen.«

Und das arme Kind presste den Bruder an die kalte Brust, es riss die Augen auf, es fiel der Schnee so stille und lautlos und der Mond schien mitten hindurch, trübe lächelnd. »Mond«, rief das Kind, »sag', wo ist die Mutter? Sie ist schon so lange fort. Und sie hat gesagt, dass, wenn ihre Kinder sterben, Engel daraus werden. Glaubst du, dass der kleine Bruder und ich Engel werden könnten und wir dann nicht mehr frieren würden?«

Und das Köpfchen sinkt ihm auf die Brust. Es sieht im halben Traume noch die Wagen und Pferde, es will die Hand ausstrecken zum Betteln. Es sieht es, wie die Leute sich vor ihm ekeln, und es hält den Bruder immer fester an sich. Was kann es dafür, dass es so arm, so nackt, so verlassen ist, und wenn es ein Engel werden könnte, was würden die Leute dazu sagen? — Die Ärmchen werden starr, die Augen fahlen zu und der kleine Bruder schläft so ruhig als wäre er tot.

Plötzlich ist es ihm, als hörte es Musik, einen herrlich schönen Gesang und es vernimmt die Stimme der Mutter, die ihm ruft. — Ja, da steht sie vor ihm in glänzendem Gewande und es selbst und der kleine Bruder fliegen der Mutter so selig, so glücklich entgegen!

Die kalte Winternacht ist vorüber, die Sonne ist darüber aufgegangen. In der Straßenecke dort kauert noch immer das leblose Mädchen, — in den starren, kalten Armen den toten, kleinen Bruder haltend.

»Zwei Arme weniger«, sagte der Polizeidiener. — »Und zwei Engel mehr im Himmel«, rief der stille, gute Geist, der über die Armen wacht.

So könnte ich Euch, meine lieben Freunde, noch manche Geschichte über die Blumen erzählen, zum Beispiel über die Stiefmütterchen, über die Schlüsselblumen und noch viele andere, aber ich spare es auf für ein anderes Mal. Für heute ist's genug.

Gehabt Euch wohl, teure Leser!